社会科学文献出版社
SOCIAL SCIENCES ACADEMIC PRESS (CHINA)

汉魏之际士人德才观的嬗变研究

以曹操的『求贤令』为中心

樊智宁 著

目　录

绪论 汉魏之际士人德才观嬗变的问题背景

汉魏之际是两汉经学向魏晋玄学转型的重要时期，汉魏之际士人德才观的嬗变在这一思想过渡转型时期具有风向标的作用。曹操的"求贤令"不仅是对汉魏之际士人德才观嬗变的提炼，也是汉魏之际士人德才观嬗变的催化剂。一方面，曹操在东汉末年长期控制中原与北方，并且实际掌握朝堂的政治话语权，其用人思想亦逐渐贯彻至朝堂与社会的全部方面以及各个环节。另一方面，更为重要的是，代汉之后的曹魏政权以及其后兴起的司马氏政权，皆与当时中原各地的士人有着千丝万缕的联系。因此，曹操的"求贤令"是管窥汉魏之际德才观嬗变的中心点之一。

一 研究缘起与意义

（一）研究之缘起

在中国历史上，汉朝是重视道德教化与伦理操守的朝代，道德教化与伦理操守一直是汉朝统治者关注的核心问题。首先，自汉武帝之后，汉代的选官制度实行的是察举制，考察项目分为"秀才"和"孝廉"两项。"秀才"注重考察士人的具体才干，"孝廉"注重考察士人的道德品行。察举制发展到东汉时期，"秀才"这一项目逐渐被忽视，政府考察士人仅重视"孝廉"。《汉书·武帝纪》颜师古注对"孝廉"

的解释是"孝谓善事父母者，廉谓清洁有廉隅者"。① 中央命各地方郡守考察士人的孝行和廉行，之后以"举孝"或"举廉"的方式推举士人入仕。其次，汉代的诸位君主皆推崇儒学。儒学在国家的推崇之下在社会中影响越来越大，其地位也逐日递升。到了东汉时期，在政府的倡导下，士人阶层形成了"尚名节"的社会风尚，钱穆先生在《国史大纲》中即认为"东汉士大夫风习，为后世所推美"。② 最后，从士人个人方面来看，汉代的士人作为行为的个体，其道德的自觉程度相对较高，道德修养也较为良好，见诸史籍的道德楷模相对于其他朝代也较多。比如孝子，在中国传统的"二十四孝"中，汉代的士人就有六人，如陆绩以及董永等。梁启超甚至在其《中国历代民德升降表》与《中国历代民德升降原因表》中将东汉士人的道德风尚列为第一等，认为东汉士人"尚气节，崇廉耻"，③ 士人阶层的道德风气在中国历代王朝中堪称最好。然而到了魏晋时期，士人阶层的道德风气产生了巨大反差。在汉魏嬗代、魏晋嬗代乃至于衣冠南渡的过程之中，道德在士人阶层心目中的地位急转直下。尽管能够立足于朝堂之上的士人皆有不俗的才干，或经天纬地而协理君王，或饱读诗书而理政治国，或谙熟战阵而统兵一方，然而其道德品行与东汉之时相比，可谓天壤之别。这些士人只是注重自身才能的发展，忽视了道德品行的培养，所持的乃是重才轻德的德才观。那么，在东汉末年黄巾之乱至西晋立国之间的这八十多年（184～265）的时间内，士人的德才观为何发生如此剧变？这就需要探讨建安年间（196～220）这一关键时期，当时作为实际的掌权者而"奉天子以令不臣"的曹操所颁布的三道"求贤令"及其思想内容。曹操所颁布的三道"求贤令"，即建安十五年（210）的《求贤令》，建安十九年的《敕有司取士毋废偏短令》和建

---

① 《汉书》卷六，中华书局，1962，第160页。
② 钱穆：《国史大纲》，商务印书馆，1996，第186页。
③ 梁启超：《新民说》，辽宁人民出版社，1994，第174～175页。

安二十二年的《举贤勿拘品行令》。曹操所颁布的三道"求贤令"不仅是士人德才观嬗变的集中体现，同时也是进一步促使士人德才观嬗变的催化剂。

对于曹操颁布的三道"求贤令"对士人德才观的影响这一问题，后世有许多学者对其进行了研究，并且已有的研究观点相互纠缠不清。第一种观点以钱穆先生和吕思勉先生为代表，他们认为曹操的三道"求贤令"实际上只是因时势而动的夺权之举，对德才观嬗变的影响甚为轻微。钱穆先生将曹操的"求贤令"纳入东汉末年儒家和法家政治理论斗争的视域中进行考量，认为曹操的"求贤令"不过是"用循名责实的法治精神，来建立他的新政权"。① 吕思勉先生的《两晋南北朝史》则将曹操的"求贤令"看作东汉末年士人名实之争的一部分，从而对其做出评价。吕思勉先生认为"求贤令"无非是曹操为了扭转士人守旧观念而使用的权宜之计，即"一时矫枉之为，未可用为恒典"。② 持这类观点的学者认为，社会的客观现实才是伦理观点变化的根本原因，"求贤令"无非是对当时社会德才观转变的一种浓缩和提炼，对士人德才观嬗变的影响微乎其微。不可否认，在历史的维度之中，伦理道德的变迁离不开社会的变迁，正如著名伦理学学者张锡勤先生所言："伦理就是生活本身，道德只能从生活中生长出来再进入到生活中去。"③ 但是，此类观点只是单方面关注伦理道德产生于生活，没有关注到伦理道德还要再进入生活中去，忽视了伦理道德观念作为一种思维性的存在，其本身也具有对社会历史的推动作用。

第二种观点以唐长孺先生、陈寅恪先生和逯耀东先生为代表，他们认为曹操的三道"求贤令"对汉魏之际士人德才观嬗变的影响极为重大。唐长孺先生与钱穆先生都将曹操的"求贤令"置于统治阶级内

① 钱穆:《国史大纲》，商务印书馆，1996，第219页。
② 吕思勉:《两晋南北朝史》，上海人民出版社，2005，第1116页。
③ 张锡勤、柴文华主编《中国伦理道德变迁史稿》，人民出版社，2008，第254～255页。

部矛盾的视域中进行评价，唐长孺先生却得出了相反的结论。在《魏晋南北朝史论丛》中，唐长孺先生认为"求贤令"是"从一个实际掌控政权者的正式文告上宣布，其影响之大是不难想象的"。① 陈寅恪先生认为曹操的"求贤令"使传统的德与才的关系完全分割开来，使士人们意识到德和才未必能够在个体身上得到统一，曹操的"求贤令"在目的论的指向上绝"非仅一时求才之旨意……而为政治社会道德思想上之大变革"。② 相较之下，逯耀东先生的观点则更为激进。逯耀东先生基于国家的选才制度以及士人人格养成的角度论述曹操的"求贤令"。其在《魏晋史学的思想与社会基础》一书中提到，曹操的"求贤令"不仅"彻底否定了两汉才德并举的选举标准。同时也摧毁了两汉士人在儒家道德规范熏陶下所铸造的理想人格"。③ 持这类观点的学者承认"求贤令"对于社会道德习俗变革的重要影响，然而其研究只局限于对汉魏之际士人道德状况和思想观念进行简单对比和评述，并没有深入分析汉魏之际士人德才观嬗变的历史过程以及曹操的"求贤令"在这个嬗变过程各阶段中所起的作用。事实上，曹操的"求贤令"是逐步推动汉魏之际士人德才观嬗变的，这一嬗变过程也有其明确的发展轨迹。

（二）研究之意义

1. 理论意义

汉魏之际是中国古代社会与思想文化发展的重要阶段，尤其是建安时期，可谓上承两汉、下启两晋。汉魏之际亦是社会大变革、民族大融合、思想大交汇的重要时期。因此对于汉魏之际的伦理思想嬗变的研究，尤其是对社会主导阶层——士人的伦理思想嬗变的研究，是

---

① 唐长孺：《魏晋南北朝史论丛》，中华书局，2011，第 292 页。
② 陈寅恪：《金明馆丛稿初编》，生活·读书·新知三联书店，2001，第 51 页。
③ 逯耀东：《魏晋史学的思想与社会基础》，中华书局，2006，第 133～134 页。

中国伦理思想史研究中不可或缺的一环。此外，在当代世界的伦理学研究中，德性伦理是一大热点问题，在中国亦是如此。在中国古代伦理思想中，士人和士人的德性问题一直备受关注。在汉魏之际，士人的德才观何以从尊崇德性转变为蔑视道德？儒家传统的德才观何以在这一时期崩溃？其对后世又有何种影响？对这些问题的剖析和解决，有助于推动中国德性伦理思想研究和中国伦理思想史研究的发展。

2. 实践意义

当代中国社会面临许多道德问题和道德困境。一方面缘于以往所重视的规范伦理的缺陷，导致伦理道德过于形式化，在很多情况下，形式化的道德教育徒有其表、见效甚微。这就需要重申德性伦理，从而提升个人主体性道德，培养良好的道德品质。另一方面，当代中国的道德问题有中国自身的特殊性，要解决中国的问题必须立足于中国的现实与文化传统。当代中国伦理学研究也逐渐转向，开始从中国传统的伦理思想中寻求应对和解决中国当代伦理道德问题的方案。此外，正所谓"国无德不兴，人无德不立"，树立良好的道德观念也是国家所支持和倡导的，尤其是在精英阶层中，这一点更是重中之重。在当今党政干部队伍的建设中，以曹操的"求贤令"为中心的士人德才观的嬗变研究，可以提供一定的启示与借鉴作用。

二　研究对象与方法

（一）研究之对象

本书的研究对象是汉魏之际士人德才观的嬗变与曹操的"求贤令"。在汉魏之际这一动荡、混乱的历史背景下，以曹操的"求贤令"为中心，阐明汉魏之际士人德才观嬗变的逻辑，同时表明曹操的"求贤令"是汉魏之际士人德才观嬗变这一历史进程的必然产物，亦是汉魏之际士人德才观嬗变的最强推动力。本书立足于对曹操"求贤令"的文本的分析，以士人阶层中对于德和才的认可度与权重为中心，加之以同时代的哲学家与思想家关于德和才的论述文本，以及关于当时士人阶层道德行为变化的相关文献，论证汉魏之际士人德才观嬗变的历史发展方向，曹操的"求贤令"与德才观嬗变的每一个环节的关系，曹操的"求贤令"在德才观嬗变的每一个环节中的作用，以及对这一嬗变的伦理道德意蕴进行哲学意义上的反思。

绪论是汉魏之际士人德才观嬗变的问题背景。主要对本研究之缘起与意义、研究之对象与方法，以及研究之综述与评价进行说明，便于读者简明扼要地了解本研究问题的来源、解决问题的思路以及问题的意义。

第一章是汉魏之际士人德才观嬗变的思想前提。第一节阐述汉灵帝建宁二年（169）的党锢之祸与儒家伦理的衰弱。随着党锢之祸对士人的迫害，士人阶层中的"清议"运动以及婞直之风就此消亡。此外，愈发神秘化和教条化的儒家伦理在士人面临悲惨命运之时表现得十分无力，这是儒家伦理衰弱的自身原因，儒家伦理的衰弱也意味着儒家传统重德的德才观的衰弱。第二节阐述汉灵帝中平元年（184）的黄巾起义与佛道伦理的发展。随着黄巾起义对社会的冲击，以《太平经》的伦理思想为核心的道教伦理思想以及依附于道教的佛教伦理思想得以发展传播，道教和佛教伦理思想中关于德才观的论述与儒家的德才观互相杂糅，影响了"求贤令"与汉魏之际的德才观。第三节阐述东汉末年在士人阶层中出现的"矫激"现象与法家思想的复兴。东汉末年的士人阶层中，在"尚名节"的风气之下产生了两种"矫激"现象：其一是一些士人力求在道德竞赛中超越他人，做出许多违背常理的"激诡之行"；其二是出现了大量空有道德名声、实则欺世盗名的伪君子。"矫激"现象的盛行使倡导"循名责实"理念的法家思想复兴，作为法家思想复兴的代表人物，曹操提出"治平尚德行，有事赏功能"的德才观，成为"求贤令"诞生与汉魏之际士人德才观嬗变的直接思想萌芽。

　　第二章是汉魏之际士人德才观嬗变的历史进程。第一节分析和讨论曹操在建安十五年（210）颁布的《求贤令》。在分析《求贤令》文本的基础上，深入剖析其中的"唯才是举"的观点。首先剖析了《求贤令》的思想内容，论述《求贤令》瓦解了"举孝廉"制度中的廉德。其次则是以"建安七子"作为当时士人阶层的代表，论述他们的德才观是如何受到《求贤令》的影响以及如何回应《求贤令》的德才观。第二节分析和讨论曹操在建安十九年颁布的《敕有司取士毋废偏短令》。在分析《敕有司取士毋废偏短令》文本的基础上，探究曹操是如何通过"非德"化的思想倾向，使汉魏之际的德才观中德与才之关系发生转变，此时德与才不仅开始相互分离，德与才的地位也发生倒置。此外，当时士人阶层中的思想家徐幹在其《中论》中充分地表达了这类观点，这也与《敕有司取士毋废偏短令》中的思想相互呼应。第三节分析和讨论曹操在建安二十二年颁布的《举贤勿拘品行令》。在分析《举贤勿拘品行令》文本的基础上，讨论曹操"勿拘品行"的极端德才观，以及其对士人阶层德才观造成的冲击。在曹魏初期短暂的纠正士风之后，司马氏把持朝政，贯彻"求贤令"中极端的德才观，从而在魏晋时期形成了具有两种不同的德才观取向的士人群体，即从事政治生活的德性败坏之士人与远离政治生活的、与现实社会的道德堕落抗争的士人。

　　第三章是汉魏之际士人德才观嬗变的伦理意蕴。第一节是德与才概念的阐释。在对"求贤令"文本解析的基础上结合德才观嬗变的历史进程，对"德"和"才"的概念做出剖析，揭示当时士人阶层将德与名相互混淆、将才与实相互混淆的情况，同时也揭示出两个概念的真实内涵。士人阶层的这种混淆也造成了哲学上的"才性之辩"之内涵在汉魏之际从德才之辩转变为名实之辩。第二节是德与才关系的辨析。在对"求贤令"文本解析的基础上结合德才观嬗变的历史进程，对德与才的关系做出辨析，阐明"德"和"才"两个概念之间的同一性与优先性关系及其在汉魏之际所产生的一些变化。此外，还进一步论述了在政治理论视域中，德性与政治功能的同一性和优先性。第三节是德与才实践的矫正。反思曹魏初期曹丕与曹叡领导当时的士人短暂地对"求贤令"中极端德才观进行纠正的措施，即弘扬仁与孝以及制定九品官人法。尽管他们对德才观的纠正未能成功，但对这一过程的反思能够得出德才兼备的士人不论在乱世还是治世都具有现实性的结论。

第四章是汉魏之际士人德才观嬗变的余韵与反思。主要对文章所研究内容的未尽之处进行拓展和反思，即通过哲学反思，揭示以"求贤令"为中心的汉魏之际士人德才观嬗变研究对国家、个人以及社会的理论与实践价值。第一节讨论汉魏之际士人德才观嬗变与用人政策的导向，以高贵乡公曹髦与诸臣关于夏王少康与汉高祖刘邦优劣的争论为中心，阐述"任德济勋"的用人政策。第二节讨论汉魏之际士人德才观嬗变与理想人格的养成，以荀彧为例，揭示"用心正道"与理想人格养成之间的关系。第三节讨论汉魏之际士人德才观嬗变与社会风尚的引领，结合汉魏之际士人德才观嬗变的历史现实与孔子诛杀少正卯的政治伦理意蕴，阐述"草偃风从"的含义，论述正确德才观对社会风尚之引领的重要性。

（二）研究之方法

1. 文本分析研究

对于中国古代伦理的研究，必然要基于相关的古籍和原著，以古籍和原著本身的言说路径和具体内容作为研究中国古代伦理思想最直接、最权威的依据。在汉魏之际士人德才观的嬗变的研究中，需要直接对曹操三道"求贤令"的文本内容做出细致的分析，剖析"求贤令"的思想主旨及其表达的德才观。此外，还需要对相关文本资料中关于德与才的内容进行分析，以深刻而全面地揭示德与才的概念与关系。

2. 思想比较研究

在对汉魏之际士人德才观嬗变这一问题的研究中，需要对曹操的三道"求贤令"做纵向的比较，其损益之处即展现了士人德才观嬗变的过程。曹操的三道"求贤令"固然是核心和基础，但是也要将"求贤令"中的思想，与每一道"求贤令"同一时期的哲学家和思想家论著中的思想做横向比较，如仲长统的《昌言》、崔寔的《政论》、荀悦的《申鉴》以及徐幹的《中论》等。通过横向比较研究，能够使士人德才观嬗变的脉络更为清晰。

3. 历史与逻辑的辩证统一

汉魏之际士人德才观嬗变的问题离不开具体的历史情境，曹操的"求贤令"也是受相应的历史背景影响的。同时，"求贤令"本身也是汉魏之际政治、经济、文化、法律、风俗等多方面复杂的因素共同作用下的结果。因此，与之相关的历史文献是必不可少的。逻辑分析推理的有效性，能够保证在对"求贤令"思想内容的解释以及士人德才观嬗变过程的论证中，做到前后一致和完整严密。

三　研究综述与评价

（一）研究之综述

学界对于曹操"求贤令"和汉魏之际士人德才观嬗变问题的研究成果呈现学科多样化的态势，在哲学、政治学、历史学、法学和文学等学科领域皆有学者发表相关论文，出版相关专著。学界主要围绕四个问题进行研究，并且，学者们研究的思路基本上延续了以钱穆先生、吕思勉先生为代表的观点和以唐长孺、陈寅恪、逯耀东为代表的观点之间的分歧与争论。

1. 关于"求贤令"与曹操伦理思想对社会政治之影响

目前，关于"求贤令"与曹操伦理思想对社会政治之影响问题，其中的分歧和争论可谓泾渭分明。其一，有学者认为"求贤令"不过是曹操伦理思想中的权宜之计，其具有重才轻德的伦理思想不假，然而论其足以影响汉魏之际士人德才观的嬗变，则过于夸大"求贤令"的作用。持这类观点的大多是历史学和文学领域的学者。譬如许春在《曹操"唯才是举"是乱世揽才的权宜之计》中即指出，曹操颁布"求贤令"仅仅是作为应对乱世的权宜之计，其真实目的并非挽救倾颓的东汉王朝，而是自家夺取汉室江山。① 叶少杰的《曹操政治伦理思想研究》也将"求贤令"中"唯才是举"的重德轻才思想，当作汉末乱世聚拢人心的权宜之计。② 卫广来的《求才令与汉魏嬗代》一文也认为曹操的"求贤令"就是单纯的建国篡汉方略，甚至连招纳贤才的目的都算不上，更谈不上对士人德才观的影响。而汉魏之际皇权嬗代，也是在"求贤令"的政治引导下才得以完成的。③ 柳春新在《汉末晋初之际政治研究》中则主张把曹操的"求贤令"当作纯粹的求才政策，并认为"若一定要把求才令解释为与汉魏嬗代进程相联系的政治事件，否定其作为用人政策的本来意义，牵强和抵牾之处就不可避免地产生了"。④

其二，另有诸多学者持相反观点。这些学者肯定"求贤令"对汉魏之际士人德才嬗变所起的作用，而持此类观点的大多是哲学和政治学领域的学者。譬如罗传芳在《批判与反思：东汉社会批判思潮的理论意义》中就认为曹操的"求贤令"将重德轻才的理论付诸实践，是汉魏之际思想解放浪潮的重要一环。⑤ 张廷银的《论曹操与魏晋玄学》一文则对"求贤令"的影响进行总结，提出了三条"求贤令"对士人的影响：让当时的有才学之士有比较优越的环境进行自由思考，

① 许春在：《曹操"唯才是举"是乱世揽才的权宜之计》，《江苏社会科学》1996 年第 3 期。

② 叶少杰：《曹操政治伦理思想研究》，硕士学位论文，重庆师范大学，2011。

③ 卫广来：《求才令与汉魏嬗代》，《历史研究》2001 年第 5 期。

④ 柳春新：《汉末晋初之际政治研究》，岳麓书社，2006，第 65 页。

⑤ 罗传芳：《批判与反思：东汉社会批判思潮的理论意义》，《哲学研究》2006 年第 8 期。

给之后的魏晋玄学否定汉代经学提供了方法论上的指导，对于魏晋玄学中的"才性"之辩论也有一定的借鉴意义。① 阎秋凤在《汉晋之际儒家贤能观念的变化》中也认为，曹操的"求贤令"在践踏了儒家的贤能观后使儒家的贤能观在魏晋时期发生了由注重道德品行到注重艺术才华的转向。②

此外，还有少数学者认为"求贤令"以及曹操的伦理思想并非重才轻德，或者说是至少没有完全否定德性。张作耀先生就是这类观点的代表。张作耀先生的《曹操尚礼重法思想述论》一文即认为，曹操的政治思想与伦理思想同样是根植于儒家德性范畴的。曹操也曾试图以仁义、道德和礼让这些方式来教民和行政，遗憾的是这些措施并未受到学界充分的重视。③ 孔毅也持相仿的观点，其在《魏晋南北朝时期的伦理设计及其实施方案》一文中指出，曹操在重德轻才的同时也主张申明礼义教化、培养德性，以往对"求贤令"以及曹操伦理思想的评判皆过于偏颇。④

2. 关于"求贤令"与汉魏之际的德才关系之辩

目前，关于"求贤令"与汉魏之际的德才关系之辩，大部分学者分持两种观点。第一种观点认为，"求贤令"在汉魏之际德才关系之辩中，毫无疑问是鼓吹才能至上、忽视德性的。譬如侯伟东的《从"谈论"到"清谈"——论汉末至魏晋时期"名士"价值取向的变化》中直接指出，汉魏之际士人的风气被"求贤令"的重才轻德思想所败坏。⑤ 张祥浩的《魏晋时期的才德之辩》一文也认为，不仅曹操"求贤令"中的"唯才是举"是当时才重于德的具体化，同时才德之

① 张廷银：《论曹操与魏晋玄学》，《清华大学学报》（哲学社会科学版）2001 年第 3 期。
② 阎秋凤：《汉晋之际儒家贤能观念的变化》，《中州学刊》2015 年第 9 期。
③ 张作耀：《曹操尚礼重法思想述论》，《东岳论丛》1998 年第 3 期。
④ 孔毅：《魏晋南北朝时期的伦理设计及其实施方案》，《云南社会科学》2003 年第 3 期。
⑤ 侯伟东：《从"谈论"到"清谈"——论汉末至魏晋时期"名士"价值取向的变化》，《上海大学学报》（社会科学版）2003 年第 6 期。

辩一方面反映了以儒家为代表的德性伦理的衰弱，另一方面也能够体现当时士人阶层中思想的活跃。① 许晓桃则在《德才关系的历史审视与现实意义》一文中指出，曹操的"求贤令"虽然过于极端，其重才轻德思想摧毁了士人的道德德性，但它依旧有积极意义。② 谭洁亦持相同的看法，其在《论曹操的伦理思想》一文中认为"求贤令"的思想不仅推动了当时伦理领域的"才性"之辩，同时也是魏晋时期个人主义和自由主义的先驱。③

　　第二种观点认为，"求贤令"虽然带有明显的重才轻德的思想，但是总体来说还是不敢忽视儒家德性的重要性，"德"的地位依然是在"才"之上的。譬如刘伟航就在其《三国伦理研究》中以孝、仁、义、忠四种具体的德目为中心，探讨当时士人的伦理道德观念。刘伟航认为"求贤令"在其思想萌芽的阶段是产生于"仁政"思想的土壤之中的，"求贤令"的目的也是曹操"为了扩大自己的各方面的实力，'以力'而取天下；……'假仁'而称霸"。④ 更有学者认为，崇尚德性是儒家社会的传统，是中国古代的伦理生活与政治生活无法跳出的逻辑，"求贤令"也不例外。纵使"求贤令"表面上鼓吹才高于德，就其内在的逻辑而言依然是尚德性的。刘崧就持这种观点，其在《曹操唯才是举思想的道德诘难与现代治理价值》一文中提到，正是中国古代德化的主张使政治伦理化逻辑的必然结果就是要把德放在首位，这是士人们集体接近于无意识的冲动和追求。而在汉魏之际士人德才观的嬗变中，"求贤令"所蕴含的伦理思想亦复如是。⑤ 刘万民在《当代中国以德为先用人思想研究》中将曹操"求贤令"中极端的重才轻

---

① 张祥浩：《魏晋时期的才德之辩》，《学术月刊》1987 年第 10 期。
② 许晓桃：《德才关系的历史审视与现实意义》，《中共中央党校学报》2014 年第 3 期。
③ 谭洁：《论曹操的伦理思想》，《宁波大学学报》（人文科学版）2006 年第 4 期。
④ 刘伟航：《三国伦理研究》，巴蜀书社，2002，第 143 页。
⑤ 刘崧：《曹操唯才是举思想的道德诘难与现代治理价值》，《领导科学》2016 年第 4 期。

德思想放置于中国思想史的视域中进行考察。刘万民认为"求贤令"的思想不具有普遍性，而是在汉魏之际这个混乱的时代中的特殊产物，就其内容而言，"求贤令"的思想依然无法完全脱离儒家的德性伦理思想的范畴。①

此外，还有一些学者在"求贤令"与汉魏之际的德才关系之辩这一问题上持较为调和的态度。这些学者认为"求贤令"在德才之辩中是作为"调和者"的形式而存的。譬如郝虹在《德与才的较量：从"唯才是举令"到九品中正制》一文中认为，汉魏之际重才与重德两种矛盾思想在相互争论之中逐渐走向了融合，而德才关系最终的结果则走向了德与才并肩而立的局面。②赵昆生和张娟在《论东汉末年传统才性观的危机》一文中亦认为，汉魏之际以"求贤令"为代表的德才之争体现了个别和一般、具体和抽象难以统一的矛盾，这种对立统一是儒家伦理中关于人性论自我完善的必经之路。③

3. 关于"求贤令"与汉魏之际士人阶层的风气嬗变

目前，关于"求贤令"与汉魏之际士人阶层的风气嬗变，学界的观点基本趋同。学者们基本都认同在汉魏之际士人阶层的风气发生了嬗变，只不过在嬗变原因的问题上，学者们略有争议。譬如牟发松与李磊在《东汉后期士风之转变及其原因探析》一文中认为，汉魏之际士风转变之缘由在于士人在政治上的悲惨遭遇，如在党锢之祸中遭受禁锢与迫害。④此外，李磊在《东汉魏晋南北朝士风研究》中还进一步提出，汉魏之际的士人阶层一方面缺乏道义上的认同，另一方面又

①　刘万民：《当代中国以德为先用人思想研究》，博士学位论文，东北师范大学，2014。
②　郝虹：《德与才的较量：从"唯才是举令"到九品中正制》，《孔子研究》2015 年第 1 期。
③　赵昆生、张娟：《论东汉末年传统才性观的危机》，《西南师范大学学报》（人文社会科学版）2003 年第 5 期。
④　牟发松、李磊：《东汉后期士风之转变及其原因探析》，《武汉大学学报》（人文科学版）2003 年第 5 期。

有基于保全身家以实现抱负的妥协，故而有此风气的嬗变。① 鲁红平亦持相同的观点，其在《论汉末士风的嬗变——从"婞直"到新人格的追求》一文中提到，当时的士人无法用舆论对抗的方式力挽狂澜，也无法用德行挽救国家。因此，面对这种进退维谷的境况，当时的士人们由于理想的破灭从而选择走向了更安全、更个人性的道路。②

当然，也有不少学者认为曹操"求贤令"的颁布也是当时士人阶层风气嬗变的重要原因之一。譬如周舜南在《东汉后期的社会批判思潮》一文中就提到，东汉末年的士人对社会的批判已经出现用贤、非儒、非孝等思想，在这样的思想前提下，"求贤令"自然就成为一种促进思想与风气变革的催化剂。③ 又如王永平，其《魏晋风度的前奏——论东汉后期士人的"激诡之行"及其影响》一文认为汉末士人的风气已经孕育了不以儒家伦理规范为意的思想，只不过之后随着当时社会变革，这类思想才得以完全表达出来，而曹操的"求贤令"中的思想即是较为典型的案例。④ 张兰花的观点则更进一步，其在《曹魏士风递嬗与文学新变》中认为士人阶层的风尚之所以从东汉的"尚名节"演变为魏晋的"士风大坏"，曹操和曹丕的思想是重要的风向标，"求贤令"很好地揭示了士风演变所具有的政治附属性。⑤ 洪卫中在《魏晋政权的演变与颍川地区士族及人才的发展——兼论九品中正制的影响》一文中则谈到，"求贤令"之重才轻德的思想使一些士人中形成了政治投机的风气，这亦使当时的士人阶层表现出了日趋衰弱的

① 李磊：《东汉魏晋南北朝士风研究》，博士学位论文，华东师范大学，2006。
② 鲁红平：《论汉末士风的嬗变——从"婞直"到新人格的追求》，《中南大学学报》（人文科学版）2010 年第 6 期。
③ 周舜南：《东汉后期的社会批判思潮》，《船山学刊》1999 年第 2 期。
④ 王永平：《魏晋风度的前奏——论东汉后期士人的"激诡之行"及其影响》，《浙江社会科学》2008 年第 11 期。
⑤ 张兰花：《曹魏士风递嬗与文学新变》，博士学位论文，浙江大学，2012。

迹象。①

此外，还有一些学者关注汉魏之际士人阶层风气嬗变的承上启下的作用，其观点也是各有千秋。譬如朱义禄在《试论汉魏之际伦理思想的嬗变》一文中就将汉魏之际伦理思想的嬗变，看成是两汉神学方式的思想形态向魏晋思辨方式的思想形态转化的过渡阶段，东汉末年士人伦理德性的危机就是其中的一个表现。② 又如王渭清，其在《东汉中后期士人伦理生活管窥》一文中对汉魏之际的士风及其作用做出评价，认为汉魏之际士风一方面强化了儒家伦理意识形态，另一方面又孕生了魏晋时期的伦理质素，二者在士风转化的角度上来看是一种演进的关系。③ 张继刚在《汉魏之际士人精神状态研究》中则认为东汉末年的士风从渐趋低落转变为激昂高亢，而在这个转变之中，不论是低落还是激昂，士人阶层中的传统的德才观不仅没有崩溃，而且还一直延续至魏晋南北朝。④

4. 关于"求贤令"与汉魏之际士人个体的人格转型

目前，关于"求贤令"与汉魏之际士人个体的人格转型，学界也持两种相反的态度。一些学者持批评态度，认为"求贤令"中的重才轻德思想摧毁了儒家伦理，使汉魏之际士人个体的人格转型呈现消极的态势。譬如涂明君在《从刘劭〈人物志〉看才性说的个人观》一文中就认为汉魏之际儒学德性式微，使个人之自我难以完满，魏晋时期士人们所体现的强烈的个体自主性，就是从这种不完满中延伸出来的。⑤ 而马鹏翔在《君子与名士——汉晋士人理想人格转型之研究》中

---

① 洪卫中：《魏晋政权的演变与颍川地区士族及人才的发展——兼论九品中正制的影响》，《江汉论坛》2016 年第 10 期。

② 朱义禄：《试论汉魏之际伦理思想的嬗变》，《南京工业大学学报》（社会科学版）2002 年第 2 期。

③ 王渭清：《东汉中后期士人伦理生活管窥》，《伦理学研究》2009 年第 5 期。

④ 张继刚：《汉魏之际士人精神状态研究》，硕士学位论文，西北师范大学，2010。

⑤ 涂明君：《从刘劭〈人物志〉看才性说的个人观》，《中国哲学史》2014 年第 2 期。

亦提到，这一时期士人在个人人格的转型中受"名法之治"和"通达之风"的影响，儒家传统的伦理道德观念所要求的君子人格逐渐被弱化。①

另外一些学者则对汉魏之际士人的人格转型持相对宽容的态度。他们认为"求贤令"以及汉魏之际士人个体的人格转型所造成的结果并没有那么不堪。譬如蒙培元的《汉末批判思潮与人文主义哲学的重建》就提到，汉末的一些名士，诸如荀悦、徐幹、崔寔以及仲长统等，皆力主将树立社会道德价值和转变社会风气的基础建立在发挥道德主体自觉之上，说明这个时期的主旋律依然是强调士人个体人格的德性培育。② 又如孔毅的《智德·智能·才性四本——汉魏之际从重智德到尚智能的演变及影响》亦认为，汉魏之际士人从以道德定义"智"转变为以才能定义"智"，导致魏晋时期"才性之本"的话题成为社会讨论的热点，同时也开启了魏晋人文思潮中对人自身才能的认识和把握的思想大门，提供了对人自身价值的认识和把握的有效途径。③ 同时，也有学者就这一问题为曹操的"求贤令"进行辩护。譬如尚建飞《自然之性与善的理想——魏晋玄学道德哲学研究》中就认为汉末对德性的过度尊崇使名教趋于功利化，士人在对这种功利化的名教的批判之中最终走向了道德相对主义和虚无主义，曹操的"求贤令"是在汉魏之际对名教功利化思想倾向的一种拨乱反正。④

此外，还有一些学者对受"求贤令"影响的士人德才观嬗变后以"竹林七贤"为代表的士人持赞扬的态度。譬如王丽珍在《"人道"与"孝道"——儒家核心伦理的省察》中就为"竹林七贤"做出辩护。

---

① 马鹏翔：《君子与名士——汉晋士人理想人格转型之研究》，博士学位论文，南开大学，2014。

② 蒙培元：《汉末批判思潮与人文主义哲学的重建》，《中国哲学史》1994 年第 3 期。

③ 孔毅：《智德·智能·才性四本——汉魏之际从重智德到尚智能的演变及影响》，《重庆师范大学学报》（哲学社会科学版）2010 年第 4 期。

④ 尚建飞：《自然之性与善的理想——魏晋玄学道德哲学研究》，博士学位论文，华东师范大学，2008。

其在分析了东汉末年士人的"伪孝"行为之后，认为"竹林七贤"之"反对礼教"并不是反对忠孝仁义，而是反对汉末以来士人将德性形式化的虚伪。[1] 再比如张锦波，其在《名教与自然之辨初探——基于生存论层面的考察》中亦对魏晋时期的士人的德行做了考证。张锦波的结论认为，魏晋时期的士人在个人人格层面并非那么不堪，他们依然还是重视道德德性的，否则道德败坏的士人阶层也无法具备长期治国秉政的基础。[2]

（二）研究之评价

通过上述对学界关于曹操"求贤令"和汉魏之际士人德才观嬗变问题的研究成果的归纳总结，可以得知各领域的学者对该论题有一定的关注和研究，并有丰富的成果。当然，这些成果一方面给本研究提供了宝贵的思想基础和研究资源。同时，这些研究依然存在一些缺陷和不足之处，尚有进一步研究的空间。

1. 当前研究成果的借鉴意义

首先，在汉魏之际士人德才观嬗变的问题上，学者们基于哲学史或思想史的分析和论述，能够提供较为良好的典范。尤其是在德才关系之辨的研究和魏晋玄学方面的研究上，学者们对中国传统的德和才概念及其演变过程的解释，以及关于魏晋玄学的一些基本哲学范畴的研究，皆为本研究所涉及的专业术语、基本概念和核心范畴提供了丰富的资源。

其次，在曹操的三道"求贤令"的讨论上，学者们对于文献和史料的选取与考据，也为本书进一步的深入研究提供了很好的方法论上的指导。尤其是在士人阶层风气的嬗变问题上，学者们对当时人物的臧否、对事件来龙去脉的考证皆使论证更为可信、文章更具深度。这

---

[1] 王丽珍：《"人道"与"孝道"——儒家核心伦理的省察》，博士学位论文，南开大学，2014。

[2] 张锦波：《名教与自然之辨初探——基于生存论层面的考察》，博士学位论文，复旦大学，2012。

对本书历史与逻辑的统一的研究方法提供了指导。

最后，在对"求贤令"以及其他的文本研究上，学者们对文本的语言学上的分析和解释，尤其是对其中的用典、隐喻和指代等修辞手法的阐释，有助于为进一步剖析"求贤令"文本内容提供借鉴。一方面，文学的研究方法可以使文本更加清楚明白，有利于解释其中的内在逻辑；另一方面，文学上的理解也能对当时士人的气质有一个大略的描述，这也有利于增进对士人风尚的理解和对士人人格转变的把握。

2. 当前研究成果的不足之处

首先，当前的研究依然只局限于对汉魏之际士人伦理思想状况的对比和评述，并没有分析曹操颁布的三道"求贤令"与汉魏之际士人德才观嬗变的内在逻辑。这是当前研究所存在的第一个问题。尽管有部分学者注意到了三道"求贤令"的异同，不过都是浅尝辄止，并未深刻和细致地剖析其伦理思想的损益之处。曹操的《求贤令》、《敕有司取士毋废偏短令》和《举贤勿拘品行令》的伦理思想不仅是一种简单的递进关系，而是在递进的过程中细致地改变了德与才的关系和对于德的定义。以曹操"求贤令"的内在思想的演变过程为视角，进而论述汉魏之际士人德才观嬗变的历史进程，是本书最大的特色和创新所在。

其次，大多数研究缺乏对这一嬗变过程的原因和结果做出哲学性反思。这是当前研究所存在的第二个问题。尽管有部分学者基于如才性和玄理、才性四本以及刘劭的《人物志》等视角，对德与才的内涵和关系做出哲学性的反思，但是对于"求贤令"和士人德才观嬗变的历史进程的哲学性反思则十分有限。对"求贤令"与汉魏之际士人德才观嬗变的历史进程做出哲学性的反思，在德与才概念的阐释、德与才关系的辨析和德与才实践的反思这三个维度开展哲学性的探究，这也是本书的特色和创新之处。

再次，鲜有将曹操的"求贤令"与每一道"求贤令"颁布后大致同时的哲学家与思想家的论述做横向比较的研究。这是当前研究所存在的第三个问题。虽然有学者比较过"求贤令"中的"唯才是举"思想和徐幹《中论》中的"明哲为先"思想，但是他们的对比较为宽泛且没有结合当时具体的历史背景，对文本的分析也不够充分。将曹操的"求贤令"与同时代的哲学家、思想家和伦理学家的论述进行比较研究，是本书论证问题的方式之一。

最后，研究者对以"竹林七贤"为代表的那些远离政治生活的士人大多持批评的态度，甚至将社会风气败坏乃至国破家亡的伦理责任归咎于这类士人，这种观点是失之偏颇的。这是当前研究存在的第四个问题。其主要原因在于对文本分析过于片面，或是偏重于史料分析，或是偏重于文学作品分析，或是偏重于哲学思潮分析，并未将三者结合。本书的另一主要任务即针对这一点，试图结合"竹林七贤"的著作和相应的史料做出分析，为以"竹林七贤"为代表的士人做出一些伦理责任上的辩护。

第一章　汉魏之际士人德才观嬗变的思想前提

任何一种思想的诞生和发展都离不开特定的思想前提，伦理思想的诞生和发展也无外乎如是，汉魏之际士人德才观的嬗变就具有其独特的思想前提。党锢之祸的发生与儒家伦理思想的式微，黄巾起义的爆发与佛教和道教的伦理思想的传播，以及东汉末年士人阶层的"矫激"现象，从三个维度上共同构成了汉魏之际士人德才观嬗变的思想前提，这三个维度的思想前提共同揭示了汉魏之际士人德才观嬗变的必然性和嬗变的必然发展方向。

第一节　党锢之祸与儒家伦理的衰弱

一　党锢之祸对士人的迫害

东汉王朝自开国以来共历十四帝，其中除汉光武帝、汉明帝和汉章帝这前三位帝王之外，其余诸帝皆是冲龄践祚，甚至如汉殇帝，出生不到百日即登上帝位，他们在加冠亲政之前都依靠太后临朝决策。这些寡居的太后年龄大多仅二十余岁，缺乏丰富的人生经验和成熟的政治手段，根本无法得心应手地驾驭整个国家的运作。她们执政的稳定性要得到保障，自然要依附于她们父兄一系的政治力量。这就造成了东汉自汉章帝以后的每一位君主在即位之初，都出现了外戚长时间把持朝政的局面。当皇帝成年之后，又势必要从自己的母后和外戚势力手中夺回本该属于自己的最高统治者的权力。成长于深宫内院之中的皇帝，他们最为可靠的心腹就是宦官。重用宦官除去舅氏成为东汉历代皇帝成年后重新掌握政权的例行公事。这也造成了外戚把持朝政的局势覆灭之后，宦官作为另一种政治力量登上朝堂，取代外戚集团把持朝政。然而，无论是外戚还是宦官，皆非国家政权统治的正常力量，作为统治阶级中正常力量的士人和官僚则被长期压制。东汉王朝的政局就在外戚和宦官势力日趋兴盛以及相互斗争的局面中愈发走向混乱。至汉桓帝与汉灵帝时期，在东汉王朝统治阶级的内部，专权的宦官和依附于外戚的官僚集团发生了矛盾，最终触发了党锢之祸。

党锢之祸先后发生过两次，第一次是在汉桓帝延熹九年（166），宦官侯览、张让、曹节及其党羽为非作歹，遭到李膺、陈蕃以及陈寔等士人的抨击。尤其是李膺，更是不畏当权的宦官。《后汉书·党锢列传》曰：

> 时河内张成善说风角，推占当赦，遂教子杀人。李膺为河南尹，督促收捕，既而逢宥获免，膺愈怀愤疾，竟案杀之。初，成以方伎交通宦官，帝亦颇诤其占。成弟子牢修因上书诬告膺等养太学游士，交结诸郡生徒，更相驱驰，共为部党，诽讪朝廷，疑乱风俗。于是天子震怒，班下郡国，逮捕党人，布告天下，使同忿疾，遂收执膺等。其辞所连及陈寔之徒二百余人，或有逃遁不获，皆悬金购募。使者四出，相望于道。明年，尚书霍谞、城门校尉窦武并表为请，帝意稍解，乃皆赦归田里，禁锢终身。而党人之名，犹书王府。[1]

---

① 《后汉书》卷六十七，中华书局，1965，第 2187 页。

宦官党羽张成故意在大赦之前指使子弟杀人，期望以此逃脱惩罚，不料时任河南尹李膺在大赦后依然依法处死了蓄意杀人的张成之子。宦官于是教唆张成的子弟上书，反而诬告李膺等人结党营私，图谋不轨。汉桓帝大怒，下令逮捕"党人"。于是，以李膺与陈寔为代表的两百余名士人被捕入狱，而太尉陈蕃亦被免职。虽然这些被捕入狱的"党人"皆在次年被释放，得以赦免归乡，但是亦皆被禁锢终身。

第二次是在汉灵帝永康元年（167），此时汉灵帝刚继位，窦太后依靠其父亲，即大将军窦武辅弼幼主。窦武联合陈蕃，重新启用被禁锢的"党人"，意图铲除宦官势力。宦官曹节、王甫等人发动政变，窦武和陈蕃兵败被杀。建宁二年（169），侯览和曹节又诬陷"党人"，以杜密和李膺等士人为代表的大批"党人"皆死于狱中。其他的"党人""或先殁不及，或亡命获免。自此诸为怨隙者，因相陷害，睚眦之忿，滥入党中。又州郡承旨，或有未尝交关，亦离祸毒。其死徙废禁者，六七百人"。① 熹平元年（172），宦官又一次逮捕"党人"及千余名太学生，并规定凡是"党人"的父兄子弟、门生故吏以及五服以内的亲属都要受到牵连，终身禁锢。而在汉灵帝熹平、光和以及中平年间，党锢之祸又数次兴起。《后汉书·党锢列传》曰：

> 熹平五年，永昌太守曹鸾上书大讼党人，言甚方切。帝省奏大怒，即诏司隶、益州槛车收鸾，送槐里狱掠杀之。于是又诏州郡更考党人门生故吏父子兄弟，其在位者，免官禁锢，爰及五属。
>
> 光和二年，上禄长和海上言："礼，从祖兄弟别居异财，恩义已轻，服属疏末。而今党人锢及五族，既乖典训之文，有谬经常之法。"帝览而悟之，党锢自从祖以下，皆得解释。

---

① 《后汉书》卷六十七，中华书局，1965，第2188页。

中平元年，黄巾贼起，中常侍吕强言于帝曰："党锢久积，人情多怨。若久不赦宥，轻与张角合谋，为变滋大，悔之无救。"帝惧其言，乃大赦党人，诛徙之家皆归故郡。其后黄巾遂盛，朝野崩离，纲纪文章荡然矣。[1]

党锢之祸总共历时二十余年。直到黄巾起义爆发，党锢之祸才宣告结束。两次党锢之祸，从内部动摇了东汉王朝统治的根基。而在党锢之祸二十余年阴影的笼罩之下，肃杀的政治气氛与压抑的思想环境对当时士人阶层中所奉行的儒家伦理产生了较大的负面影响。一方面，奉行儒家伦理的士人在群体之间彼此品评之时，从儒家积极入世的"清议"转向了消极避世的"清谈"；另一方面，士人阶层中伴随"清议"而生的婞直之风也逐渐消亡。经历了党锢之祸的士人面对恶劣的政治环境逐渐产生失落和绝望的情绪，许多持身清正、刚直不阿的士人或是受诬身死，或是遁逃避世，这就使士人们在力求自保或图谋进取之时更多考虑的是自身实际的才能是否适应政治环境，而非仅考虑自身道德品格的完满。因此，儒家伦理在这一时期便逐渐走向衰弱。

二　"清议"与婞直之风的消亡

党锢之祸对士人阶层中儒家伦理的冲击的主要体现，就是东汉末年士人阶层中的"清议"与婞直之风消亡。所谓"清议"，即是指东汉末年士人阶层中对当时人物的品评，士人阶层通过"清议"，从而左右乡间的舆论，影响士人的仕途。东汉末年的"清议"运动的主要目的在于为当时的士人阶层抨击宦官与外戚的专权、肃正朝纲提供渠道。所谓士人的婞直之风，即是指在"清议"运动中士人

---

① 《后汉书》卷六十七，中华书局，1965，第2189页。

所展现出的耿直刚正、不畏强权的风气。东汉末年士人阶层的"清议"与婞直之风同党锢之祸的联系甚为紧密。《后汉书·党锢列传》曰：

> 及汉祖杖剑，武夫勃兴，宪令宽赊，文礼简阔，绪余四豪之烈，人怀陵上之心，轻死重气，怨惠必仇，令行私庭，权移匹庶，任侠之方，成其俗矣。自武帝以后，崇尚儒学，怀经协术，所在雾会，至有石渠分争之论，党同伐异之说，守文之徒，盛于时矣。至王莽专伪，终于篡国，忠义之流，耻见缨绂，遂乃荣华丘壑，甘足枯槁。虽中兴在运，汉德重开，而保身怀方，弥相慕袭，去就之节，重于时矣。逮桓灵之间，主荒政缪，国命委于阉寺，士子羞与为伍，故匹夫抗愤，处士横议，遂乃激扬名声，互相题拂，品核公卿，裁量执政，婞直之风，于斯行矣。①

从范晔的论述中，可以看出"清议"和婞直之风的产生正是由于国家政治荒乱废弛，宦官与外戚把持朝政，士人阶层作为国家的精英阶层在政治地位上不具备足够的话语权，又不屑于依靠宦官与外戚的关系踏上仕途，那么在政治生活中被边缘化的士人阶层就只能通过"清议"的方式议论国政。

首先，士人阶层的"清议"运动是党锢之祸的导火索。士人们通过"清议"的方式抨击宦官与外戚，引来了宦官与外戚的屠杀。这些宦官与外戚大肆逮捕、禁锢和处决参与"清议"运动之士人，《后汉书·党锢列传》曰：

> 凡党事始自甘陵、汝南，成于李膺、张俭，海内涂炭，二十余年，诸所蔓衍，皆天下善士。三君、八俊等三十五人，其名迹

---

① 《后汉书》卷六十七，中华书局，1965，第2184~2185页。

存者，并载乎篇。陈蕃、窦武、王畅、刘表、度尚、郭林宗别有传。荀翌附祖《淑传》。张邈附《吕布传》。胡母班附《袁绍传》。王考字文祖，东平寿张人，冀州刺史；秦周字平王，陈留平丘人，北海相；蕃向字嘉景，鲁国人，郎中；王璋字伯仪，东莱曲城人，少府卿：位行并不显。翟超，山阳太守，事在《陈蕃传》，字及郡县未详。朱寓，沛人，与杜密等俱死狱中。唯赵典名见而已。[①]

由是可见，党锢之祸持续二十余年之久，天下间心怀正义感的良善士人大多由于参与了"清议"而遭牵连。大量身具良好德性的士人或是遇害，或是隐遁。另外一些幸免于难的士人为了保全自身，选择与宦官和外戚沆瀣一气，摒弃了自身良好的德性。至此，士人阶层的"清议"运动也就失去了主体，走向消亡。需要注意的是，"清议"在士人阶层中的消亡，只是基于"清议"的内容而言的，"清议"的形式在这一时期得到了保留。士人阶层因为惧于政治迫害，不再轻言国政与时事，转向谈论玄虚的、概念层面的问题，从而避免自身因言获罪。也就是说，士人阶层从讨论国家政策、人物品行这类具体与现象层面问题的"清议"转向了讨论世界本原、人生态度、概念辨析这类抽象与本体层面问题的"清谈"。

其次，"清议"运动在党锢之祸的影响下走向消亡，伴随着"清议"而生的士人的婞直之风自然也走向消亡。在党锢之祸这场对士人阶层的政治迫害中，以往敢于直谏、刚正不阿的具有婞直之风的士人或是被禁锢，或是被捕杀。一方面，遇害的士人必定是最不畏宦官与外戚的权势，对宦官和外戚的批判最为严厉的。他们坚守自身的操守和气节，在道德品质上都堪为士人之表率。而他们的遇害也意味着道

① 《后汉书》卷六十七，中华书局，1965，第2189~2190页。

德水平较高的士人消亡殆尽。另一方面，由于东汉末年的取士方式，在党锢之祸中遇害的道德水平较高的士人往往具有较高的社会地位，享有较高的社会声望。因此，他们的遇害也给其他幸免于难的士人带去了恐慌，这些幸免于难的士人惧于这种政治恐怖，不敢直言进谏、批评时政，从而选择保全自身、苟活于世，婞直之风也不再为这些士人所持有。总而言之，党锢之祸的最直接影响就是使东汉末年士人阶层中的"清议"与婞直之风消亡。"清议"与婞直之风又是汉代儒家伦理最为突出的体现，士人阶层中"清议"与婞直之风的消亡，直接体现了儒家伦理的衰弱，这也是为何汉魏之际的士人在思考自身的德性的培养问题之时又关注德性以外的事物。当纯粹高尚的品德不能为士人自身的进取提供帮助，甚至还会招致祸患之时，那么重视自身才能不失为另一种可能的出路。

三　神秘化与教条化的儒家伦理思想

党锢之祸使士人阶层中的儒家伦理式微，也有儒家伦理自身的原因。汉代自汉武帝采纳董仲舒的建议罢黜百家、独尊儒术，儒家思想的地位空前强化，儒学在朝廷的倡导之下得以广泛传播。劳思光指出，汉代儒学主张以"阴阳""五行"等观念作为宇宙论的依据，并且凭借这种观念故意曲解诸如《尚书》《春秋》等经典。[1] 蔡元培亦认为，汉唐时期的儒者或争为"经儒"或趋于"文苑"，以至于汉唐成为学风最为颓靡的时代。蔡元培甚至将汉唐儒学视为中国精神文化走向衰乱的开端。[2]

西汉今文经学大家、春秋公羊学大师董仲舒向汉武帝进献"贤良对策"（又称"天人三策"），强调"诸不在六艺之科孔子之术者，皆

---

① 劳思光：《新编中国哲学史》第二册，生活·读书·新知三联书店，2015，第15页。

② 蔡元培：《中国伦理学史》，商务印书馆，2010，第49~50页。

绝其道，勿使并进。邪辟之说灭息，然后统纪可一而法度可明，民知所从矣"。① 自此开启"罢黜百家，独尊儒术"的时代。而以董仲舒为代表的今文经学家又在前人学说的基础上构建出"天人感应"和"阴阳灾异"等学说，并以此来限制人间的帝王，对其起到威慑与警示的作用。《汉书·董仲舒传》曰：

> 仲舒治国，以《春秋》灾异之变推阴阳所以错行，故求雨，闭诸阳，纵诸阴，其止雨反是；行之一国，未尝不得所欲。中废为中大夫。先是辽东高庙、长陵高园殿灾，仲舒居家推说其意，草稿未上，主父偃候仲舒，私见，嫉之，窃其书而奏焉。上召视诸儒，仲舒弟子吕步舒不知其师书，以为大愚。于是下仲舒吏，当死，诏赦之，仲舒遂不敢复言灾异。②

以上这段文字简要说明了董仲舒的"天人感应"和"阴阳灾异"学说的根本目的。然而迫于现实政治的压力，"天人感应"和"阴阳灾异"学说并未达成应有的警诫君王的效果，反而将其中的神秘主义要素留存于儒家的伦理思想之中，成为儒家伦理思想神秘化的肇因。

到了东汉时期汉章帝建初四年（79）的"白虎观会议"，当时的儒家学者将儒家各派的学说以及谶纬之学杂糅合一，将儒家的伦理思想总结为君臣、父子、夫妻之"三纲"以及仁、义、礼、智、信之"五常"，并将其设立为伦理思想的主要纲领。譬如《白虎通·三纲六纪》曰："三纲者，何谓也？谓君臣、父子、夫妇也。六纪者，谓诸父、兄弟、族人、诸舅、师长、朋友也。故《含文嘉》曰：'君为臣

---

① 《汉书》卷五十六，中华书局，1962，第2523页。
② 《汉书》卷五十六，中华书局，1962，第2524页。

纲，父为子纲，父为妻纲。'"① 又王充《论衡·问孔篇》曰："五常之道，仁、义、礼、智、信也。"② 东汉儒者对"三纲五常"的归纳、论述与总结，使儒家伦理进一步系统化、绝对化、神学化，成为东汉士人阶层所秉持和信奉的行为规范和道德准则。而到了东汉末年，儒家伦理思想在自身的发展中趋于僵化，在掌握中央权力的宦官与外戚发起针对士人阶层的党锢之祸时，僵化的儒家伦理思想在动乱的局势和恐怖的气氛中显得十分无力。于是，士人阶层为了应对党锢之祸所带来的种种后果，必然反思僵化的儒家伦理的缺陷，进而另寻良策，或用以扶危定难，或用以保全自身。

儒家伦理的僵化主要体现在两个方面，正是这两个方面所凸显出来的种种问题，才致使整个儒家伦理体系在党锢之祸的影响下走向衰弱。第一个方面是儒家伦理的神秘化，这一点在董仲舒提出的"天人感应"学说中就已经初现端倪。董仲舒将阴阳家的学说与儒家学说相结合，宣扬"君权神授"的政治学理论。然而董仲舒亦将阴阳家的形而上学的范畴与儒家的道德德性范畴相结合，最终使儒家伦理神秘化。譬如董仲舒将国家政治主张中的刑治、德治与阴气、阳气相结合，提出"王者欲有所为，宜求其端于天。天道之大者在阴阳。阳为德，阴为刑；刑主杀而德主生"③ 的学说。董仲舒也以"五行"的范畴解释儒家伦理所提倡的德行，其在《春秋繁露·五行之义》中提出："故五行者，乃孝子忠臣之行也。"④ 到了东汉时期，随着谶纬之学再次与神秘化的儒家伦理相结合，这就势必使儒家伦理陷入"虚妄"的境地。这种儒家伦理过多地关注阐释种种德性的本质与本原，忽视了德性的本质在于通过实践将德性转化为实际的德行。所以到了东汉末年，

---

① （清）陈立：《白虎通疏证》卷八，吴则虞点校，中华书局，1994，第 373～374 页。

② 黄晖：《论衡校释》卷九，中华书局，1990，第 408 页。

③ 《汉书》卷五十六，中华书局，1962，第 2502 页。

④ （清）苏舆：《春秋繁露义证》卷十一，钟哲点校，中华书局，1992，第 321 页。

儒家的伦理逐渐被神秘主义的形而上学同化，从而走向衰弱。[①]

第二个方面则是儒家伦理的教条化，这一点与汉代儒家学者治经的传统颇为相关。汉代传统的儒学学术重视对儒家经典文本与章句的训诂与考据。儒家思想在自身的发展中，亦随着儒生的寻章摘句、牵强附会而逐渐陷入教条化。蔡元培先生就认为，汉魏之际的儒家学者"囿于诂训章句，牵于五行灾异，而引以应用于人世。积久而高明之士，颇厌其拘迂"。[②] 不仅是在政治学、本体论和认识论领域，在伦理学领域，儒家思想也陷入了教条化。儒家伦理的教条化的表现就在于当时的儒家学者对相关的德性问题只知其形式却不知其实质，只关注对德性的解释而忽视德行的实践。这种儒家伦理的教条化就是将德性与德行二者互相割裂，同时也缺乏对德性的实际检验。王充就对当时儒家伦理连篇累牍、钩玄猎秘的教条化提出批判，其在《论衡·知实篇》提出："凡论事者，违实不引效验，则虽然甘义繁说，众不见信。论圣人不能神而先知，先知之间，不能独见，非徒空说虚言，直以才智准况之工也。事有证验，以效实然。"[③] 遗憾的是，王充基于反教条、反成说的立场的批判未能改变当时儒家伦理教条化的现状，这种教条化的儒家伦理随着东汉社会局势的不断恶化，已经丧失了能够应对乱世中的种种严峻问题的能力。在党锢之祸发生之后，教条化的儒家伦理既不能在社会层面对社会各阶层起到规范作用，又不能在个人层面给士人提供安身立命的基础，儒家伦理也注定因其教条化而在乱

---

① 提到董仲舒，人们往往将其与"天人感应"和"阴阳灾异"相挂钩。然而，"天人感应"和"阴阳灾异"并非董仲舒哲学的重点。而且"天人感应"和"阴阳灾异"亦非专为君王的神圣化而服务，其亦包含以天道限制君权的意蕴。相关研究可参见曾亦、黄铭《董仲舒与汉代公羊学》，上海人民出版社，2017，第81～152页；黄铭《推何演董——董仲舒〈春秋〉学研究》，生活·读书·新知三联书店，2023，第104～233页；蒋庆《公羊学引论——儒家的政治智慧与历史信仰》，福建教育出版社，2014，第7～50页。

② 蔡元培：《中国伦理学史》，商务印书馆，2010，第62页。

③ 黄晖：《论衡校释》卷二十六，中华书局，1990，第1086页。

世中走向衰弱。

第二节　黄巾起义与佛道伦理的发展

一　黄巾起义对社会的冲击

东汉末期除党锢之祸外，还有一件大事同样影响了当时的社会状况，就是以道教的"太平道"教主张角为首所发动的农民起义，史称黄巾起义。在党锢之祸之后，由于敢于谏诤、清正廉明的士人或是被迫害致死，或是遁逃避世，宦官和外戚更加恣意放纵。此时东汉的社会十分黑暗，政治极其腐败，官员们对百姓不断地横征暴敛、敲诈勒索，百姓的生活负担日趋沉重，遭受之苦难也逐日增加。党锢之祸作为统治阶级内部的矛盾已经不是社会的主要矛盾，统治阶级与人民的矛盾则成为社会的主要矛盾。除此之外，连年不断的天灾也让人民的生活处于水深火热的境地，尤其是在汉桓帝与汉灵帝统治时期，水灾和蝗灾相继而起导致粮食短缺，中原地区时常发生大饥荒。根据《后汉书》与《三国志》记载，汉桓帝元嘉元年（151），"京师旱。任城、梁国饥，民相食"；① 汉灵帝建宁三年（170），"河内人妇食夫，河南人夫食妇"；② 汉献帝初平二年（191），乘氏"大饥，人相食"；③ 汉献帝兴平元年（194），"六月，蝗虫起，百姓大饥，是时谷一斛五十万，豆麦二十万，人相食啖，白骨委积，臭秽满路"。④ 东汉末年屡次发生"人相食"这样的骇人景象，可见当时人民的生存空间被剥夺的严重程度。在统治者敲骨吸髓，大自然步步紧逼的情况下，更加激化

① 《后汉书》卷七，中华书局，1965，第297页。
② 《后汉书》卷八，中华书局，1965，第331页。
③ 《三国志》卷十，中华书局，1982，第308页。
④ 《后汉书》卷七十二，中华书局，1965，第2336页。

了阶级矛盾，无路可退的人民只能走向反抗的道路。

"太平道"教主张角凭借自身高超的医术，结合《太平经》的部分内容，救助当时处于危难之际的底层贫苦人民。张角还以宗教的方式笼络人心，在这些底层贫苦人民之中树立威望，"太平道"的信徒多达数十万。汉灵帝中平元年（184），张角打着"苍天已死，黄天当立，岁在甲子，天下大吉"的旗号，率领这些底层贫苦民众起义。《后汉书·皇甫嵩传》详细交代了黄巾起义爆发的缘起：

> 初，钜鹿张角自称"大贤良师"，奉事黄老道，蓄养弟子，跪拜首过，符水咒说以疗病，病者颇愈，百姓信向之。角因遣弟子八人使于四方，以善道教化天下，转相诳惑。十余年间，众徒数十万，连结郡国，自青、徐、幽、冀、荆、扬、兖、豫八州之人，莫不毕应。遂置三十六方。方犹将军号也。大方万余人，小方六七千，各立渠帅。讹言"苍天已死，黄天当立，岁在甲子，天下大吉"。以白土书京城寺门及州郡官府，皆作"甲子"字。中平元年，大方马元义等先收荆、扬数万人，期会发于邺。元义数往来京师，以中常侍封谞、徐奉等为内应，约以三月五日内外俱起。未及作乱，而张角弟子济南唐周上书告之，于是车裂元义于洛阳。灵帝以周章下三公、司隶，使钩盾令周斌将三府掾属，案验宫省直卫及百姓有事角道者，诛杀千余人，推考冀州，逐捕角等。角等知事已露，晨夜驰敕诸方，一时俱起。皆著黄巾为摽帜，时人谓之"黄巾"，亦名为"蛾贼"。杀人以祠天。角称"天公将军"，角弟宝称"地公将军"，宝弟梁称"人公将军"。所在燔烧官府，劫略聚邑，州郡失据，长吏多逃亡。旬日之间，天下响应，京师震动。①

黄巾军起义的声势十分浩大，冀州、兖州、豫州、荆州以及司隶

---

① 《后汉书》卷七十一，中华书局，1965，第 2299～2300 页。

等地区的农民都响应号召，揭竿而起，进逼洛阳。汉灵帝不得不释放在党锢之祸中被禁锢的"党人"，并授予何进大将军职位，调集军队防御伊、洛；又令皇甫嵩、朱儁、卢植以及董卓等人镇压黄巾军。以曹操为代表的地方豪族，也率领义军响应朝廷的号召，打击黄巾军。同年十一月，由于起义军领袖、"太平道"教主张角病逝，各地起义军的首领又相继战死，黄巾起义宣告失败。尽管张角所发动的黄巾起义失败了，黄巾军残余力量依然打着"太平道"的旗号在各地蜂动，活动范围十分广泛，不仅中原地区无不波及，甚至蔓延到了吴地和蜀地。在持续时间上，黄巾军的残余力量也历时甚久。时至建安年间，黄巾军的残余力量还联合汉中"五斗米道"的张鲁势力与东汉政权做斗争，直到汉献帝建安二十年（215），张鲁投降曹操，斗争才完全停息。党锢之祸是东汉王朝统治阶级的内部矛盾，在内部动摇了东汉王朝的统治基础。黄巾起义则是东汉王朝的统治阶级与底层百姓之间的阶级矛盾，从外部沉重地打击了东汉王朝的统治。

黄巾起义不仅沉重打击了东汉王朝的统治，其所造成的社会影响，对东汉末年士人阶层的伦理思想影响也极大。一方面，东汉末年的士人阶层在经历了党锢之祸的风波后本来就陷入了人人自危的境地，士人阶层婞直之风的消亡和士人阶层中的"清议"转向了"清谈"，导致儒家伦理的衰弱，也给借由黄巾起义而起的道教和佛教伦理思想的传播提供了可乘之机，道教和佛教的伦理思想在一定程度上影响了东汉士人阶层的德才观。另一方面，士人在乱世中长期居无定所，这就导致了乡里之内缺乏对士人的品德进行考察的客观条件，传统的"举孝廉"的方法无法实行。于是，黄巾起义之后，社会环境变得更加险恶，这也致使士人在主观上进一步反思自身的发展问题。凭借高尚的道德和节操在这个乱世中生存显然有些捉襟见肘，凭借出众的才能保全于乱世之中，或许才是康庄之衢。

二　道教伦理思想的传播

在东汉末年，随着张角所领导的黄巾起义的爆发和张鲁在汉中的割据，原始道教也在民间流传开来，包括"太平道"和"五斗米道"。其中以张角所宣传的"太平道"在当时传播得最为广泛和深入。"太平道"的理论与思想主要是以《太平经》这一经典作为其文本上的依据。在东汉末年，道教伦理思想传播的主要内容也都是依据《太平经》中的主要思想而进一步发展的。"太平道"利用《太平经》中的思想，抓住当时处于水深火热生活境遇中的社会底层百姓乐生畏死的心理，从而对底层百姓灌输宗教伦理思想。《太平经》伦理思想观念的核心即宣扬善行、反对恶行。《太平经》鼓吹"力行善反得恶者，是承负先人之过，流灾前后积来害此人也。其行恶反得善者，是先人深有积蓄大功，来流及此人也"，① 用因果报应学说，警醒世人应当于现世多为善事，从而种得善果，进而泽被子孙后代。重视善之德性也是贯穿《太平经》之中其他伦理思想的总纲。

在《太平经》的伦理思想中，对于德才观的论述亦有相当丰富的内容。首先，《太平经》在国家、社会以及家庭层面上，皆体现出对道德的重视。《太平经》曰：

> 今帝王居百重之内，其用道德，仁善万里，百姓蒙其恩，父为慈，子为孝，家足人给，不为邪恶。帝王居内，失其道德，万里之外，民臣失其职，是皆相去远万万里，其由一也。②

《太平经》主张统治者应当实行德政，统治者自身也应以仁德为表率，一旦如此，整个社会和社会中的各家庭亦会纷纷效仿，父慈子

---

① 王明编《太平经合校》，中华书局，1960，第22页。
② 王明编《太平经合校》，中华书局，1960，第24页。

孝，不为邪恶之事。如若统治者失去了道德，那么天下的臣民也将各失其职分。《太平经》这种重视道德的思想，无疑是当时的人基于乱世中百姓的生活状况总结归纳出来的一套政治方案。在政治思想上，作为道教伦理思想典籍的《太平经》之所以认为统治者应行德政，也正是由于东汉王朝掌权的宦官与外戚对待百姓缺乏仁德。《太平经》在宣扬德政这方面不仅与汉代儒家伦理传统相互影响，同时也给在党锢之祸中遭受迫害而对德性产生怀疑的士人阶层提供了解决问题的方案。

其次，在对用人取才问题的态度与倾向上，《太平经》体现了既明确又典型的重视才能的观点。《太平经》认为不论是什么身份地位以及本性材质的人，都需要根据其"天性"选用。《太平经》论曰：

> 上至神人，下至小微贱，凡此九人。神、真、仙、道、圣、贤、凡民、奴、婢，此九人有真信忠诚，有善真道乐，来为德君辅者，悉问其能而仕之，慎无署非其职也，亦无逆去之也，名为逆人勉勉眷眷之心。天非人，但因据而任之，而各问其所能长，则无所不治矣。①

这段话总结了当时道教伦理思想的用人取才观，认为从天生的"神人"到社会底层的微贱之人，都必须考察其才能方可让其入仕，对于那些才能与任职不相称的人则必须慎之又慎。只有深刻考察每个人的才能与长处，因能而授官，才是治理天下的良策。《太平经》这种重视才能作用的德才观也是基于对当时社会的道德现状和政治现状的总结而产生的。由于士人阶层所一贯信奉与秉持的儒家伦理中纯粹重视德性的德才观已经不能适应当时的社会现状，尤其是在经历了党锢之祸后，不仅士人阶层，生活在社会底层的百姓也在寻找新的能够应对

---

① 王明编《太平经合校》，中华书局，1960，第417页。

一系列社会问题的解决方案。重视培养自身的才能，将才能与道德并立的德才观，能够为应对与解决乱世中的各种问题提供更多的可行性。随着黄巾起义在广度和深度上的影响，以及黄巾起义失败后黄巾军的残余力量被曹操等军阀收编，士人阶层与社会底层的百姓之间的交流也逐渐频繁。以《太平经》为核心的道教伦理思想也在交流的过程中渗透进了士人阶层的德才观之中，士人阶层在解决自身的境遇问题时也在一定程度上借鉴了道教伦理思想的内容。在建安初期，曹操首次提倡"治平尚德行，有事赏功能"的德才观。将德性与才能并立的《太平经》中的用人取才观，是其思想来源之一。

三　佛教伦理思想的传播

黄巾起义的爆发除了推动道教伦理思想的传播与发展之外，佛教伦理思想在这一段时期也得到了一定程度上的传播与发展。佛教思想大约在两汉之际传入中国，在东汉末年开始流行。从整个佛教发展史来看，由于佛教的发展在当时还处于初始阶段，僧侣、佛寺以及佛教典籍的译著在数量上和影响程度上都远不及儒家和道教，故而佛教伦理思想只能依附于其他思想进行传播和发展。任继愈先生指出，在东汉末年佛教只能以"一般教义如'断欲去爱'、'行大仁慈'以及戒'杀、盗、淫'等"[1]伦理思想，依附于黄巾起义时所盛行天下的道教以及黄老之学进行传播。人们甚至将佛教的思想纳入道教思想的体系中，择其共同之处，将二者视为一物。袁宏在《后汉纪》中有相关记载，记述了在汉桓帝时期，统治阶层中颇有重视佛教思想的人，将佛教与道教相结合，利用诸多道教的概念阐释佛教的经义。《后汉纪·孝明皇帝纪》曰：

---

[1]　任继愈主编《中国佛教史》，中国社会科学出版社，1981，第125页。

　　浮屠者，佛也。西域天竺有佛道焉。佛者，汉言觉，将悟群
生也。其教以修善慈心为主，不杀生，专务清净。其精者号为沙
门。沙门者，汉言息也，盖息意去欲而归于无为也。又以为人死
精神不灭，随复受形，生时所行善恶皆有报应。故所贵行善修道，
以炼精神而不已，以至无生而得为佛也。佛身长一丈六尺，黄金
色，项中佩日月光，变化无方，无所不入，故能化通万物而大济
群生。初，帝梦见金人长大，项有日月光，以问群臣。或曰：
"西方有神，其名曰佛。其形长大。陛下所梦，得无是乎？" 于是
遣使天竺问其道术，遂与中国而图其形像焉。有经数千万，以虚
无为宗，苞罗精粗，无所不统，善为宏阔盛大之言。所求在一体
之内，而所明在视听之外。世俗之人以为虚诞，然归于玄微，深
远难得而测。故王公大人观死生报应之际，莫不矍然而自失焉。①

　　当时佛教的这种内容玄虚、主张慈悲为怀、宣扬因果报应、强调
修炼精神的宗教伦理学说，与《太平经》中所倡导的伦理学说在形式
和内容上有一定的相似之处，故而在当时被相当一部分人所接受。

　　正是由于形式和内容上有一定的相似之处，佛教伦理思想在黄巾
起义中得到了一些社会底层百姓的信仰。在汉献帝初平四年（193）
前后，徐州的笮融就在下邳城建造浮屠寺，《三国志·吴书·刘繇传》
所附《笮融传》即描绘了当时浮屠寺中的景象：

　　笮融者，丹阳人，初聚众数百，往依徐州牧陶谦。谦使督广
陵、彭城运漕，遂放纵擅杀，坐断三郡委输以自入。乃大起浮图
祠，以铜为人，黄金涂身，衣以锦采，垂铜槃九重，下为重楼阁
道，可容三千余人，悉课受佛经，令界内及旁郡人有好佛者听受
道，复其他役以招致之，由此远近前后至者五千余人户。每浴佛，

---

① （晋）袁宏：《后汉纪》卷十，张烈点校，中华书局，2002，第187页。

多设酒饭，布席于路，经数十里，民人来观及就食且万人，费以巨亿计。①

浮屠寺规模之宏大、建筑之奢华，在当时可谓十分罕见。浮屠寺每次浴佛诵经之时，其所设下的酒菜宴席绵延数十里，耗资以亿计，香火不断，可见当时徐州之地佛教之盛。尽管佛教当时在广泛性、独立性以及深入性方面皆不如道教，但是佛教伦理思想对当时的社会，甚至对士人阶层德才观的转变也有重要影响。士人阶层的伦理道德观念受到佛教伦理思想的影响，他们在秉持儒家伦理道德的基础上也兼取了佛教的伦理道德要素，佛教对魏晋时期形成"清谈"之风有一定的推动作用。此外，佛教的伦理思想也使传统儒家积极入世、经世致用的伦理观念不再是士人唯一秉持的伦理观念，消极避世、遁入空门的观念渗透到士人阶层之中。尽管在对汉魏之际士人德才观的影响力上，佛教的伦理思想远不及道教的伦理思想，但是士人阶层这种群体无意识地将佛教和儒家的伦理思想杂糅起来，客观上也削弱了儒家伦理道德思想的影响力，使东汉儒家传统的德性和礼法的地位都不再是独尊。

总而言之，在党锢之祸结束之后，黄巾起义爆发之时，饱受天灾与人祸摧残的社会底层百姓选择了信奉道教和佛教，将其伦理思想作为自身的精神寄托，汉朝官方所扶持的儒家伦理思想被百姓所抛弃。这一方面证明了，在黄巾起义的大规模冲击下，道教伦理与佛教伦理对儒家伦理产生了较大的冲击，在不同的方面与不同的程度上渗入士人阶层的伦理道德思想之中，影响着他们的德才观。另一方面也证明了，在黄巾起义之后的东汉社会，儒家伦理作为官方正统的伦理规范已经失去了社会底层百姓的支持，儒家传统伦理道德的地位，就整个

---

① 《三国志》卷四十九，中华书局，1982，第 1185 页。

社会范围来看也趋于下降。虽然在黄巾起义被镇压之后，随着黄巾起义而得以发展的道教与佛教伦理的部分内容逐渐消亡，但是其中的一些思想精髓也深深地镌刻在了汉魏之际士人阶层的伦理观念与德才观之上，在一定程度上为汉魏之际士人德才观的嬗变提供了理论的基础与变革的思路。

第三节　"矫激"现象与法家思想的复兴

一　"矫激"现象对德才观的曲解

汉代"举孝廉"的取士方式，使士人皆追求良好的道德名声，"尚名节"的传统到了东汉末年就走向了极端，"矫激"现象逐渐在士人阶层中盛行开来。"矫激"的现象主要有两种表现，第一种是"激诡之行"，即士人们务求在德行方面进行攀比，赶超他人，做出一些违背人情常理的行为。刘翊便是"激诡之行"的典型。刘翊以其慷慨的德性而声名远播，然而其表现出的所谓"慷慨"实则匪夷所思。《后汉书·独行列传》记载：

> 刘翊字子相，颍川颍阴人也。家世丰产，常能周施而不有其惠。曾行于汝南界中，有陈国张季礼远赴师丧，遇寒冰车毁，顿滞道路。翊见而谓曰："君慎终赴义，行宜速达。"即下车与之，不告姓名，自策马而去。季礼意其子相也，后故到颍阴，还所假乘。翊闭门辞行，不与相见。①

刘翊遇见张季礼奔赴师丧，由于遇到寒冰，张季礼的车子损坏难行，刘翊便将自己的车子赠予张季礼，独自策马离去。事后，张季礼知道

---

① 《后汉书》卷八十一，中华书局，1965，第 2695 页。

是刘翊帮助了他，专程到了刘翊家将车子归还。然而刘翊却闭门不见，不承认自己帮助了张季礼之事。刘翊最后还因为自己所谓的"慷慨"落得了一个饿死于街头的下场。① 刘翊这样的行为，表面上看来是高尚的，却违背了人之常情，绝对不是慷慨德性的表现。

"矫激"的另一种表现则是通过违背人情常理的行为来抬高自己的身价。袁绍即是这类士人的代表。当时社会普遍看重士人们的孝行，而袁绍就在服丧守孝方面大做文章，力图在士人阶层中博取孝德的美名。《后汉书·袁绍传》曰：

> 绍少为郎，除濮阳长，遭母忧去官。三年礼竟，追感幼孤，又行父服。服阕，徙居洛阳。绍有姿貌威容，爱士养名。既累世台司，宾客所归，加倾心折节，莫不争赴其庭，士无贵贱，与之抗礼，辎軿柴毂，填接街陌。内官皆恶之。中常侍赵忠言于省内曰："袁本初坐作声价，好养死士，不知此儿终欲何作。"叔父太傅隗闻而呼绍，以忠言责之，绍终不改。②

袁绍的父亲在其未成年时就过世了，而其母亲亦在其弱冠之年去世，袁绍遂为母行服守孝。然而在为母亲服丧三年期满之后，袁绍又为父亲追加行服守孝三年，最终守了六年的孝。按照东汉丧制，父母去世时子女行服守孝三年即可，更没有必要为早已去世的父亲追加行服守孝，袁绍这种违背常理的行为被讥讽为"坐作声价"。

除此之外，士人阶层对良好德名的过分追崇也造就了不少名不副

---

① "后黄巾贼起，郡县饥荒，翊救给乏绝，资其食者数百人。乡族贫者，死亡则为具殡葬，鳏独则助营妻娶。献帝迁都西京，翊举上计掾。是时寇贼兴起，道路隔绝，使驿稀有达者。翊夜行昼伏，乃到长安。诏书嘉其忠勤，特拜议郎，迁陈留太守。翊散所握珍玩，唯余车马，自载东归。出关数百里，见士大夫病亡道次，翊以马易棺，脱衣敛之。又逢故知困馁于路，不忍委去，因杀所驾牛，以救其乏。众人止之，翊曰：'视没不救，非志士也。'遂俱饿死。"见《后汉书》卷八十一，中华书局，1965，第 2696 页。

② 《后汉书》卷七十四上，中华书局，1965，第 2373 页。

实的伪君子。他们依靠各种卑劣下作的手段获取道德名声，却又并不
具备相应的德性。这些伪君子中最为臭名昭著的就是赵宣。《后汉
书·陈蕃传》记载了陈蕃考察赵宣品德的事例：

> 赵宣葬亲而不闭埏隧，因居其中，行服二十余年，乡邑称孝，
> 州郡数礼请之。郡内以荐蕃，蕃与相见，问其妻子，而宣五子皆
> 服中所生。蕃大怒曰："圣人制礼，贤者俯就，不肖企及。且祭
> 不欲数，以其易黩故也。况及寝宿冢藏，而孕育其中，诳时惑众，
> 诬污鬼神乎？"遂致其罪。①

赵宣的父母去世了，其不仅不关闭墓道，并且还住在墓道里守丧二十
多年。乡绅父老都称赞他的孝行，州郡官员听闻此事，竟多次礼聘，
邀请其入朝为官。可是当陈蕃详细考察了赵宣其人之后，发现赵宣的
五个孩子都是在其行服守孝期间所生。于是，陈蕃大怒，严厉地惩罚
了这个道貌岸然、奸猾狡诈的伪君子。

亚里士多德在《尼各马可伦理学》一书中曾涉及德性适度、不
足与过度的问题。亚里士多德认为人有三种类型的品质，即"两种
恶——一种是过度，一种是不及——和一种作为它们的中间的适度的
德性"。② 过度和不及的德性都属于恶，只有适度的才是真正的美德。
儒家也认为中庸是德性中的极致，真正的德性应当是符合"中庸之
道"的。何晏注"中庸之为德也"即曰："庸，常也。中和可长行之
德也。"宋儒邢昺疏曰："中，谓中和。庸，常也。"③朱熹在《四书章
句集注》中亦曰："中者，无过无不及之名也。庸，平常也。……程

① 《后汉书》卷六十六，中华书局，1965，第 2160 页。
② 〔古希腊〕亚里士多德：《尼各马可伦理学》，廖申白译注，商务印书馆，2003，第 53 页。
③ （魏）何晏注，（宋）邢昺疏《论语注疏》卷六，北京大学出版社，1999，第 82～
83 页。

子曰：'不偏之谓中，不易之谓庸。中者天下之正道，庸者天下之定理。'"① 换言之，"中庸之道" 就是指真正的德性应当是以不偏不倚、折中调和的态度来待人处世，而非走极端。亚里士多德所持的这种对于德性判断的观点，与儒家所追求的 "中庸之道" 不谋而合。很显然，东汉末年士人阶层 "矫激" 现象中出现的 "激诡之行" 和欺世盗名的伪君子，完全背离了汉代朝廷推崇德性、弘扬德行的初衷。就士人阶层中的这种 "激诡之行" 而言，虽然其中的大多数人乃是出于无意识，不自觉地将自己的行为推向了极端，但是其目的依然是缘于想要追求品德高尚的名声；那些欺世盗名的伪君子，他们的行为就其所要达到的目的而言，本身更是非正义的，从其所获得的结果上看，也危害到了其他人。士人阶层通过这两种 "矫激" 现象自我培养而成，并且向世人所展现出来的所谓 "德性" 与 "德行"，只能是一种恶性和恶行，这些士人不仅称不上是真正的有德之士，甚至可以说是德性的败坏者。

二　法家思想重回士人阶层之视野

法家思想自战国中后期开始，即逐渐与儒家思想相互渗透。在两汉以儒学为独尊的时代，法家思想难以以一种独立的思想流派存之于世，而是以寄附于儒家思想的形式得以延续。法家思想中诸如追求功利、赏罚分明等思想，也被儒家思想所借鉴吸收，可以说儒家与法家的界限已经趋于模糊。到了东汉末年，由于过分尊崇儒家的道德，士人阶层产生普遍的 "矫激" 现象；此外，重视自身道德品格修养的方式也不足以应对乱世中的种种危机。士人阶层内部也开始对 "矫激" 现象进行反思和批判，法家思想中的 "循名责实" 思想成为当时一些士人反思和批判 "矫激" 现象的重要武器，也给士人阶层提供了一种

---

① （宋）朱熹：《四书章句集注》，中华书局，2011，第 91 页。

应对这个乱世的新思路。于是法家思想就从儒家思想中分离出来，重新回到士人阶层的视野中。

　　首先，法家思想重回士人阶层的视野在国家治理层面的体现，就是东汉关于德治与法治问题的探讨。王充最早提出在国家治理中"养德"和"养力"的问题。其在《论衡·非韩篇》中认为："夫德不可独任以治国，力不可直任以御敌也。韩子之术不养德，偃王之操不任力，二者偏驳，各有不足。"①"养德"就是以德治国，"养力"就是以法治国。韩非子重法轻德，徐偃王重德轻法，都过于片面。在国家的治理中，德治和法治是不可偏废的。到了东汉末年，崔寔则更为直接地论述儒家的德教和法家的刑罚问题，其在《政论》中论曰：

　　　　盖为国之道，有似理身，平则致养，疾则攻焉。夫刑罚者，治乱之药石也；德教者，兴平之粱肉也。夫以德教除残，是以粱肉理疾也；以刑罚理平，是以药石供养也。方今承百王之敝，值厄运之会，自数世以来，政多恩贷，驭委其辔，马骊其衔，四牡横奔，皇路险倾，方将钳勒鞿鞯以救之，岂暇鸣和銮，清节奏，从容平路哉？……文帝虽除肉刑，当劓者笞三百，当斩左趾者笞五百，当斩右趾者弃市，右趾者既损其命，鞭笞者往往至死……以此言之，文帝乃重刑，非轻之也；以严致平，非以宽致平也。②

崔寔以理身疗病为喻来对比法家和儒家治国理政的区别。法家的刑罚，是治理乱世的良药，儒家的德教是太平盛世的美食。法家重刑名，儒家重德性，二者各有其用途，对症下药方可药到病除。从王充和崔寔两人的观点中就能看出，法家思想从东汉中后期开始，就重新从儒家思想中被剥离出来。王充的"养德"和"养力"的观点，得出的结论

---

① 黄晖：《论衡校释》卷十，中华书局，1990，第438页。
② 孙启治校注《政论校注》，中华书局，2012，第66～67页。

是在治国理政中兼顾二者，说明在逻辑上，王充已经将儒家思想和法家思想划清了界限，视作两种相异的思想，否则其不会主张在国家治理中将两者统一。到了东汉末年的崔寔这里，儒家思想和法家思想的界限则更加清晰。崔寔认为儒家所代表的就是德教，法家所代表的就是刑罚，并且认为儒家和法家这对矛盾是无法统一的，太平盛世则用德教，天下大乱则用刑罚。

其次，法家思想重回士人阶层的视野，在士人个人修养方面体现为名与实问题的讨论。儒家在对理想的人格——君子的塑造中，尤其重视"名分"，即主张"正名"思想。法家则注重功利与实效，讲求"因任而授官，循名而责实"的思想，注重士人所具有的才干。汉代士人的传统理念则是注重"名教"，崇尚"名节"，就连选才取士也是察举在乡里具有孝名与廉名的士人。但是到了东汉末年，一些士人认为儒家崇尚礼乐、以礼乐正名的思想，在个人修养方面不能完全让自身适应这个动荡不安的社会，他们更关注实际效用。当时王符就提出"综核名实"的观点。《潜夫论·考绩》曰："有号者必称于典，名理者必效于实，则官无废职，位无非人。"[①] 王符所提倡的这种以名与实是否相一致的标准来评判士人的修养的方法，展现了典型的法家"循名责实"的思想。此外，王符还批判了当时以名位论人的思想。其在《潜夫论·论荣》中论曰：

> 所谓贤人君子者，非必高位厚禄富贵荣华之谓也，此则君子之所宜有，而非其所以为君子者也。所谓小人者，非必贫贱冻馁、困辱厄穷之谓也，此则小人之所宜处，而非其所以为小人者也。奚以明之哉？夫桀、纣者，夏、殷之君王也，崇侯、恶来，天子之三公也，而犹不免于小人者，以其心行恶也。伯夷、叔齐，饿夫也，

---

① （清）汪继培笺，彭铎校正《潜夫论笺校正》卷十七，中华书局，1985，第65页。

傅说胥靡，而井伯虞虏也，然世犹以为君子者，以为志节美也。故论士苟定于志行，勿以遭命，则虽有天下不足以为重，无所用不足以为轻，处隶圉不足以为耻，抚四海不足以为荣。况乎其未能相县若此者哉？故曰：宠位不足以尊我，而卑贱不足以卑己。①

王符认为，君子和小人的区别不在于其名和位，这些名和位不过是君子和小人恰好所处的社会身份，与某个人的品质与能力等各方面的综合评价没有必然的联系。王符还以桀、纣的大臣崇侯虎与恶来为例，此二人虽身居高位，但是因为德性败坏、侍奉暴君，仍旧免不了被世人称为小人。而伯夷和叔齐受冻挨饿，傅说则是囚徒出身，百里奚更是曾被秦人当作俘虏，然而，这些人有高尚的节操与品格，所以即便地位卑下，依然能够被后世视为谦谦君子。总而言之，结合王充、崔寔以及王符等人的观点，可以发现士人阶层公开表达了这种名与实相分裂、实重于名的思想，也表明了法家思想逐渐回到了士人阶层的视野中来，并且也被更多的士人所认可。

三 "治平尚德行，有事赏功能"

正是由于法家思想重回士人阶层之视野，曹操本人也直接受到了法家"循名责实"思想的影响，成为当时重视法家刑名的代表人物。在建安八年（203）的五月，曹操颁布《论吏士行能令》，论述了士人的德和才的问题。其在《论吏士行能令》中论曰：

议者或以军吏虽有功能，德行不足堪任郡国之选，所谓"可与适道，未可与权"。管仲曰："使贤者食于能则上尊，斗士食于功则卒轻于死，二者设于国则天下治。"未闻无能之人、不斗之

---

① （清）汪继培笺，彭铎校正《潜夫论笺校正》卷一，中华书局，1985，第32页。参照彭铎校正改定。

士，并受禄赏，而可以立功兴国者也。①

曹操在《论吏士行能令》中指出了当时普遍存在的一种舆论调：有些军官和文吏虽然有治军理政的才能，但是如果考察他们的道德品行，这些人还达不到被推举的标准。曹操认为这种观点就是孔子所认为的"可与适道，未可与权"。曹操化用《管子》中的观点，认为使贤明之士能够凭借才能而受到重用，勇敢战斗之士能够依靠功业而取得俸禄，如此一来，统治者就能受到尊敬，战士杀敌也勇敢无畏。如果那些无能之辈都能封官受赏，那这个国家也就不可能兴盛繁荣。曹操在对当时社会存在的现象进行评述之后，提出了"治平尚德行，有事赏功能"的解决方案，明确表明了乱世中才能的重要性。王充和崔寔的思想是在国家治理中，将德治和法治相区分，再针对治世和乱世的差异，从而选择不同的治理方案。曹操对士人德行和与功能的侧重，也是先区别"治平"与"有事"的差异。很显然，曹操继承了王充和崔寔的思路，并且进一步将德才观的概念引入其中。此外，曹操也受王符的思想的影响，认为东汉末年士人阶层中普遍存在的"矫激"现象，也与王符所揭示的"名实不相副，求贡不相称"②情况相吻合。这样的士人阶层已经无法适应时代的要求，一些士人甚至无法在严酷的社会环境中生存。曹操这时提出"治平尚德行，有事赏功能"的观点，在官方的态度上给当时的士人们提供了一盏引领方向的明灯。

在当时的士人阶层中也有许多人撰写论著，呼应曹操"治平尚德行，有事赏功能"的思想。荀悦在其《申鉴》中提出"教化之隆，莫不兴行，然后责备。刑法之定，莫不避罪，然后求密"③这一将德教和刑法相结合的思想。荀悦认为德治和法治的结合，在一定程度上就

① 《三国志》卷一，中华书局，1982，第24页。
② （清）汪继培笺，彭铎校正《潜夫论笺校正》卷十七，中华书局，1985，第68页。
③ 孙启治校补《申鉴注校补》卷二，中华书局，2012，第70页。

是道德名声与实绩奖惩相结合，在侧面也反映出荀悦对"治平尚德行，有事赏功能"思想的认同。而仲长统在《昌言》的《理乱篇》中认为，在用人选才的时候"苟能运智诈者，则得之焉；苟能得之者，人不以为罪焉。源发而横流，路开而四通矣"①。仲长统的观点充分肯定了士人的"功能"地位，这也与曹操"治平尚德行，有事赏功能"的观点相一致。

此外，"治平尚德行，有事赏功能"这种德才观不仅在理论上获得士人阶层的拥护，在实践上也因曹操在与袁绍政治斗争中取得胜利而通过检验。荀彧认为曹操和袁绍在对士人的德与才的倾向上大相径庭，甚至可以说完全是两种极端。荀彧论曰：

> 古之成败者，诚有其才，虽弱必强，苟非其人，虽强易弱，刘、项之存亡，足以观矣。今与公争天下者，唯袁绍尔。绍貌外宽而内忌，任人而疑其心，公明达不拘，唯才所宜，此度胜也。绍迟重少决，失在后机，公能断大事，应变无方，此谋胜也。绍御军宽缓，法令不立，士卒虽众，其实难用，公法令既明，赏罚必行，士卒虽寡，皆争致死，此武胜也。绍凭世资，从容饰智，以收名誉，故士之寡能好问者多归之，公以至仁待人，推诚心不为虚美，行己谨俭，而与有功者无所吝惜，故天下忠正效实之士咸愿为用，此德胜也。夫以四胜辅天子，扶义征伐，谁敢不从？绍之强其何能为！②

袁绍的家族"四世三公"，袁家的门生故吏遍布天下，他看中士人的名声，故而名声好但没有能力的士人都投奔到他的帐下；曹操更加注重士人的忠正实效，对士人的选拔秉持"唯才所宜"的态度，故

---

① 孙启治校注《昌言校注》，中华书局，2012，第265页。
② 《三国志》卷十，中华书局，1982，第313页。

而追随他的士人大多才干出众。早在曹操与袁绍联合起兵讨伐董卓之时，他与袁绍便已讨论德才观与用人的问题。《三国志·魏书·武帝纪》曰：

> 绍问公（曹操）曰："若事不辑，则方面何所可据？"公曰："足下意以为何如？"绍曰："吾南据河，北阻燕、代，兼戎狄之众，南向以争天下，庶可以济乎？"公曰："吾任天下之智力，以道御之，无所不可。"①

此时，曹操与袁绍的分歧已然初现端倪，而曹操"任天下之智力"的思想倾向业已萌生。质言之，袁绍的重"德"，就是"尚名"，是遵循汉代传统的旧法；曹操的重"才"，就是"尚实"，是属于汉末的一种创新之举。袁绍重视士人的德性和名节，完全继承了汉代对士人品评的伦理价值取向，这也意味着，袁绍所招募的士人也不可避免地继承了东汉末年由于过于注重德行而出现的"矫激"行为，这些有"矫激"行为的士人在"袁曹之争"中对袁绍阵营来说没有太多积极作用。总而言之，袁绍和曹操不仅是士人两种新旧德才观的代表，他们麾下的士人同时也代表了东汉末年士人阶层所分隶的两种德才观的阵营。在东汉末年这样的乱世之中，"袁曹之争"自然就成为汉魏之际士人德才观嬗变初期的分水岭。袁绍的失败，正是由于其所继承和代表的汉代传统德才观不适应乱世的历史进程；曹操的成功，正是顺应了历史的潮流，使"治平尚德行，有事赏功能"的思想通过了实践的检验。在这样的一系列条件之下，"求贤令"的诞生是适应时代潮流的必然，汉魏之际的德才观的嬗变也必然要向"唯才是举"的方向发展。

---

① 《三国志》卷一，中华书局，1982，第26页。

本章小结

德才观作为一种伦理道德观念，它的变迁是无法脱离整个社会的思想变迁而独立存在的，社会的思想变迁又与这个社会所处的历史时空的特殊性密切相关。在讨论汉魏之际士人德才观的嬗变以及作为这一嬗变核心的曹操的"求贤令"的思想源流等问题时，首要的工作就是讨论这一嬗变之所以必然产生的思想前提。

首先，党锢之祸的发生导致了儒家伦理的衰弱。在党锢之祸中，士人阶层中的抨击腐败、针砭时弊的"清议"运动消亡，从而走向了论谈玄虚、无关政治的"清谈"；士人阶层中的婞直之风也随着党锢之祸中那些清正不阿、敢于直谏的高德之士被捕杀而走向消亡。此外，东汉末年的儒家伦理思想在发展中逐渐僵化，伦理道德思想一方面由于两汉神学传统而神秘化，失去了作为实践之学的特质；另一方面由于烦琐的考据传统而教条化，儒家伦理变得空洞乏味。在恶劣的政治环境中，儒家伦理无法给士人提供安身立命的保障，士人阶层逐渐开始抛弃儒家思想，儒家伦理也开始走向衰弱。

其次，黄巾起义的爆发使佛教与道教伦理得到传播和发展。在黄巾起义中，以《太平经》为思想基础的"太平道"得以在民间广泛传播，《太平经》中的伦理思想也影响了汉魏之际的德才观。其中，《太平经》将德行与才能并列的贤能观和取士观，无疑为曹操的"求贤令"的思想提供了借鉴。此外，伴随着黄巾起义，佛教伦理也以依附于道教的形式在民间得以传播，尽管佛教伦理对汉魏之际士人德才观的影响不明显，但是在客观上推动了士人阶层中"清谈"的产生，加剧了儒家伦理的衰弱。

最后，"矫激"现象的盛行也使法家思想得以复兴。正是由于儒家"尚名节"的重德传统趋于僵化，造成了东汉末年的士人对德才观的误解，出现了"激诡之行"和伪君子这样败坏德性的士人。面对普遍存在的"矫激"现象，法家思想重新获得了士人阶层的重视。士人阶层中的一些有识之士意识到过度尊崇德性、崇尚名节的"矫激"现象不能解决实际的问题，他们将法家的"循名责实"思想与传统儒家的德才观杂糅合一，以曹操为代表的士人更是提出"治平尚德行，有事赏功能"的德才并重的德才观。"矫激"现象助推的法家思想的复兴，也成为汉魏之际士人德才观嬗变的最重要的思想源泉，同时也是曹操"求贤令"中德才观的思想萌芽。

第二章　汉魏之际士人德才观嬗变的历史进程

　　"袁曹之争"中曹操的胜出，昭示着"治平尚德行，有事赏功能"的德才观在当时的历史背景之下是符合时代潮流的，这也是曹操"求贤令"的颁布以及汉魏之际士人德才观嬗变进程的逻辑起点。曹操在建安时期颁布了三道"求贤令"，而这三道"求贤令"的核心思想都是围绕着"唯才是举"这一用人取士方针。以"求贤令"为中心，审视汉魏之际士人德才观嬗变的历史进程，能够发现士人的德才观也向重才轻德的方向发展。但是曹操的三道"求贤令"并非对"唯才是举"的同义反复，汉魏之际的德才观的嬗变亦并非一蹴而就。三道"求贤令"有其对德才关系的逐步深化的讨论，汉魏之际士人德才观也在这一讨论过程中逐步嬗变。

第一节　唯才是举：德才观嬗变的肇始

一　"唯才是举，吾得而用之"

　　建安十二年（207），曹操剿灭三郡乌丸，消灭了袁氏在北方的残余势力，基本上统一北方。此后曹操的野心也空前膨胀，在除掉了朝廷内的异己之臣之后，其立即展开了南征荆州的计划。然而在建安十三年十一月，曹操在赤壁之战中败于东吴名将周瑜之手，全军覆没，仓皇北返。建安十四年，割据荆州的刘备与虎踞江东的孙权正式联姻结盟，共同对抗曹操，西凉的马超与韩遂也开始进军潼关，意图夺下长安。在连续遭遇阻碍之下，曹操意识到曹、刘、孙三足鼎立的基本态势业已形成，同时也意识到自己统一天下的目标在短期内是难以实现的。因此，曹操就将战略目标转移到先建立和稳固自身的霸业的方向上，在建安十五年颁布了《求贤令》，用以招贤纳士，从而达到靖国安民的目的。其文曰：

> 自古受命及中兴之君，曷尝不得贤人君子与之共治天下者乎！及其得贤也，曾不出闾巷，岂幸相遇哉？上之人不求之耳。今天下尚未定，此特求贤之急时也。"孟公绰为赵、魏老则优，不可以为滕、薛大夫"。若必廉士而后可用，则齐桓其何以霸世！今天下得无有被褐怀玉而钓于渭滨者乎？又得无盗嫂受金而未遇无知者乎？二三子其佐我明扬仄陋，唯才是举，吾得而用之。[①]

《求贤令》颁布的目的就是创立新的取士制度。曹操在《求贤令》中明确提出了"唯才是举"的观念，用以挑战东汉士人阶层中传统的"举孝廉"的方式。在《求贤令》中，曹操先以《论语·宪问》中孔子对孟公绰的评价和春秋时期齐国国相管仲的品德为据，表明其求贤的标准不掣肘于道德水平的高低和名声清誉的好坏。《论语》此章何晏注曰："公绰，鲁大夫。赵、魏，皆晋卿。家臣称老。公绰性寡欲，赵、魏贪贤，家老无职，故优。滕、薛小国，大夫职烦，故不可为。"邢昺疏曰："此章评鲁大夫孟公绰之才性也。赵、魏皆晋卿所食采邑名也。家臣称老。公绰性寡欲，赵、魏贪贤，家老无职，若公绰为之，

则优游有余裕也。滕、薛乃小国，而大夫职烦，则不可为也。"① 何晏和邢昺认为这是评价孟公绰的才能。孟公绰性情寡欲廉静，而赵氏和魏氏不仅贪婪，而且他们本身都很有才能。作为赵氏和魏氏的家老而不参与实际工作，孟公绰的才能就显得绰绰有余，所以可以胜任。滕国和薛国虽然是小国，但大夫们的工作也是十分繁重的，孟公绰的才能就显得捉襟见肘，所以不能胜任。齐国的国相管仲曾经与鲍叔牙共同经商，到了分配盈利之时却把更多的钱财与好处纳入自己的囊中。管仲虽然贪财好货，然而齐桓公用之则九合诸侯，一匡天下。

随后曹操以"被褐怀玉"的姜尚和"盗嫂受金"的陈平为例。所谓"被褐怀玉"，出自《道德经》中"是以圣人被褐怀玉"一语。王弼注曰："被褐者，同其尘；怀玉者，宝其真也。圣人之所以难知，以其同尘而不殊，怀玉而不渝，故难知而为贵也。"② "被褐"一词是以衣着褴褛之人为喻，泛指出身贫贱、身份低微的人。"怀玉"一词则是以心怀美玉喻指胸怀良才、志匡天下的人。"被褐怀玉"所指代的就是如姜尚一样隐居垂钓于渭水之滨的贤士。③ 而"盗嫂受金"的典故则出自《史记·陈丞相世家》。周勃和灌婴等曾对刘邦进献谗言，诬陷陈平曰："平虽美丈夫，如冠玉耳，其中未必有也。臣闻平居家时，盗其嫂；事魏不容，亡归楚；归楚不中，又亡归汉。今日大王尊官之，令护军。臣闻平受诸将金，金多者得善处，金少者得恶处。平，反覆乱臣也，愿王察之。"④ 周勃和灌婴等人指控陈平居家之时与其嫂

---

① （魏）何晏注，（宋）邢昺疏《论语注疏》卷十四，北京大学出版社，1999，第187页。
② 楼宇烈校释《老子道德经注校释》七十章，中华书局，2008，第176页。
③ 关于"被褐怀玉"的含义，当代学人有所考证。譬如陈徽指出："被褐怀玉：'被'，'寝衣，长一身有半'（《说文》），此谓穿着。'褐'，贱者之服。'被褐'，谓衣贱者之服，此喻圣人形似卑贱。……'怀玉'，怀抱美玉，此喻圣人怀藏美德。"见陈徽《老子新校释译：以新近出土诸简、帛本为基础》，上海古籍出版社，2017，第380页。
④ 《史记》卷五十六，中华书局，1959，第2054页。

子有违背礼制的关系，并且酷爱钱财，是不折不扣的反复小人。然而，陈平有幸得到魏无知的推荐，凭借其过人的才华协助刘邦建立功业。最后，曹操提出了"唯才是举"的核心观念，向天下人表明士人只要有才能，即使出身贫贱、道德上有污点亦可被推举。

曹操在建安初期的《论吏士行能令》中提出"治平尚德行，有事赏功能"的政治理念，到建安中期的《求贤令》中明确提出了"唯才是举"的用人方针，这两者的思想内核固然是同一的，然而个中的变化和差别也颇为微妙。"唯才是举"的提出，表明在士人阶层中德行和才能的权重已经发生了倾斜，二者不再是齐头并进的关系。"治平尚德行，有事赏功能"这一政治理念，是基于曹操以及当时大部分士人的乐观看法，即北方业已平定，江南一隅也可一战而下，国家统一指日可待。那么，当社会从乱世转变为治世的时候，强调"功能"的权宜之计就不能成为士人伦理道德规范的核心，弘扬道德德性、以德治国、重整社会风气便提上了日程。事与愿违的是，赤壁一役的失败使曹操失去了在短时间内统一全国的机会，乱世依然要延续很长一段时间，那么"尚德行"的必要性也就失去了基础，"赏功能"的重要性则与日俱增。事实上，当时曹操在实际的用人选才的操作中也是逐渐偏重才能、忽略德行，在当时曹操所选用的人才中诸如"戏志才、郭嘉等有负俗之讥……皆以智策举之，终各显名"。[①] 戏志才和郭嘉二人皆在道德方面有污点，被世人所讥讽，但是他们皆以智策出众而被推举甚至受到重用。类似的还有陈矫，《三国志·魏书·陈矫传》注引《魏氏春秋》曰：

> 矫本刘氏子，出嗣舅氏而婚于本族，徐宣每非之，庭议其阙。
> 太祖惜矫才量，欲拥全之，乃下令曰："丧乱已来，风教凋薄，

---

① 《三国志》卷十，中华书局，1982，第318页。

诽议之言，难用褒贬。自建安五年已前，一切勿论。其以断前诽议者，以其罪罪之。"①

陈矫娶了自己同族的女性，这在儒家伦理道德根深蒂固的汉代不免有悖逆伦常之嫌，在罪恶程度上堪比陈平的"盗嫂"，徐宣多次在公共场合指责陈矫，曹操因为其有才干而不予追究。再比如当时公认的有德之士，如荀彧、陈群、徐宣、崔琰、毛玠等，他们之所以受到曹操的重用，成为曹操政治集团的核心人物，很大程度上也是因为其皆是德才兼备之士，而非仅凭借自身的清正之风、君子之名而身居高位。曹操在用人选才上的这种实际操作无疑向汉代士人内心中传统的伦理道德思想发起了挑战，这使士人阶层进一步反思自我。士人意识到既然德行不是唯一能够取得较高社会地位的道路，那么选择以才能作为显名的方式也未尝不可，士人阶层的德才观也随着"唯才是举"取士政策的提出而开始发生转变。

二　廉德的衰弱与瓦解

曹操在其《求贤令》中提出"唯才是举"的选贤取士方式，目的是求才，以巩固自己的统治地位。"举孝廉"的取士方式在当时已无法选拔出适合其需要的人才，因此才在士人阶层之中以"唯才是举"取代"举孝廉"。如果"举孝廉"的取士方式被瓦解了，士人阶层必然会为了积极入仕，从而把其他能够进入仕途的标准作为自己主要关注的方向。"举孝廉"的制度要求考察士人的孝行与廉行，孝德的重要性则不言而喻。孝德不仅在东汉深入士人阶层的内心，在整个中华文明的历史中都是最为核心的伦理道德纲常之一，曹操此时不敢否定孝德。曹操首先选择从廉德入手，从而瓦解"举孝廉"的制度。从

---

① 《三国志》卷二十二，中华书局，1982，第 644 页。

《求贤令》的文本中就能够明确看出这一点，曹操鼓吹"若必廉士而后可用，则齐桓其何以霸世"的观点，就是在否定廉德，认为清廉守正不是士人所必备的德性。这种变化可以从曹操的具体用人以及当时士人阶层对廉德的态度的前后对比中得出结论。在曹操官居司空和丞相之时，毛玠就任东曹掾之职，与崔琰共同主持人才的选举。在毛玠和崔琰的管理下，当时士人阶层的风气良好，形成了"其所举用，皆清正之士，虽于时有盛名而行不由本者，终莫得进。务以俭率人，由是天下之士莫不以廉节自励，虽贵宠之臣，舆服不敢过度"① 的风尚。

　　曹操就任司空与丞相之职位分别是在建安元年（196）和建安十三年，曹操任命毛玠和崔琰主持选举也是在《求贤令》颁布之前。毛玠以"雅亮公正，在官清恪"② 而显名，崔琰则以"清忠高亮，雅识经远，推方直道，正色于朝"③ 而著称。他们不仅以自身的高尚品德为百官的表率，并且经过他们选举推用的士人也大多清正廉洁，那些当时颇具盛名但是实际行为与廉洁之名不相符的人都未能成功入仕。当时在毛玠和崔琰的主持下，天下的士人没有不以廉洁、节俭自我激励的，即使是身份尊贵、深受宠幸的官员的衣食住行都不敢过于奢靡。由此可见，至少在《求贤令》发布之前，官场之中的廉洁之风是比较盛行的。在《求贤令》颁布之后，廉洁之风开始衰弱，许多贪婪奢靡的行为逐渐兴起。其中一个例子就是丁斐，《三国志·魏书·曹爽传》注引《魏略》曰：

　　　　初，斐随太祖，太祖以斐乡里，特饶爱之。斐性好货，数请求犯法，辄得原宥。为典军校尉，总摄内外，每所陈说，多见从

---

① 《三国志》卷十二，中华书局，1982，第375页。
② 《三国志》卷十二，中华书局，1982，第375页。
③ 《三国志》卷十二，中华书局，1982，第369页。

之。建安末，从太祖征吴。斐随行，以自家牛羸困，乃私易官牛，为人所白，被收送狱，夺官。其后太祖问斐曰："文侯，印绶所在？"斐亦知见戏，对曰："以易饼耳。"太祖笑，顾谓左右曰："东曹毛掾数白此家，欲令我重治，我非不知此人不清，良有以也。我之有斐，譬如人家有盗狗而善捕鼠，盗虽有小损，而完我囊贮。"遂复斐官，听用如初。①

丁斐生性十分贪财，多次因明目张胆地贪污受贿而被人揭发，并且在跟随曹操讨伐吴国之时，还用自己羸弱的牛换取官府的壮牛，最终被治罪。但是曹操看中丁斐出色的治军才能，认为相比廉洁的德性，其才能更有利于国家统治和军队整顿，故而丁斐每次犯法皆能被曹操赦免。另一个例子则是曹操的重要谋士蒋济，《三国志·魏书·夏侯玄传》注引《魏略》曰：

> 玄既迁，司马景王（司马师）代为护军。护军总统诸将，任主武官选举，前后当此官者，不能止货赂。故蒋济为护军时，有谣言"欲求牙门，当得千匹；百人督，五百匹"。宣王（司马懿）与济善，间以问济，济无以解之，因戏曰："洛中市买，一钱不足则不行。"遂相对欢笑。玄代济，故不能止绝人事。及景王之代玄，整顿法令，人莫犯者。②

蒋济就任中护军之时，主管武官的选拔和任命，他利用职权敛财，对外公然卖官鬻爵，中饱私囊。而蒋济面对司马懿的疑问时，亦只是戏谑而过，并未整改。而这种败坏武官的选拔和任命的风气，即便是夏侯玄就任中护军亦不能禁止。直到司马师任该职，以严酷的法度进行整改，方才肃清这种风气。面对蒋济这种腐败的行为，曹操竟然视而

---

① 《三国志》卷九，中华书局，1982，第289页。
② 《三国志》卷九，中华书局，1982，第299~300页。

不见,不仅没有处罚蒋济,甚至依然重用如初,可见曹操在用人价值考量上的转变。由于廉德在《求贤令》中被明确否定,原先士人阶层之中"莫不以廉节自励"的情况在数年之间已经走向衰弱。

至建安后期曹操晋公封王之后,士人阶层对廉的重视近乎消亡。这种消亡的表现并非指士人阶层中的大多数人都贪赃枉法,而是指士人阶层中大多数人不再关注自身清廉与否,廉这种德性已经从士人身上淡化。如毛玠、崔琰这些廉洁奉公的士人已经不再见于史书,并且以毛玠、崔琰为榜样所提倡的清廉的士风也不复存在了。有意思的是,正是在建安后期士人不再重视廉德的时期,掌管士人选举之职的毛玠和崔琰也分别被曹操罢黜和杀害。如果说崔琰之死是由于卷入了曹氏的世子之争,毛玠之废则在更大程度上被认为是由于其背后隐藏着围绕德才观的嬗变这一核心问题展开的复杂斗争。毛玠和崔琰选贤取士时所贯彻的德才观与曹操的"唯才是举"的理念是有所冲突的,尽管毛玠支持"治平尚德行,有事赏功能"的德才观,在实际的选拔人才的操作中也严格秉持这一理念,但此时已经与曹操以及当时整个士人阶层的德才观相抵牾了。尤其是毛玠掌管选举时对廉德的要求已经引起士人阶层中不少人的不满。《三国志·魏书·毛玠传》曰:

> 大军还邺,议所并省。玠请谒不行,时人惮之,咸欲省东曹。乃共白曰:"旧西曹为上,东曹为次,宜省东曹。"太祖知其请,令曰:"日出于东,月盛于东,凡人言方,亦复先东,何以省东曹?"遂省西曹。[1]

曹操计划缩减官职,当时许多士人忌惮毛玠取士重视廉德,对于当时的士人阶层来说,这已经让他们觉得过于严苛,很多士人就上书曹操,

---

[1] 《三国志》卷十二,中华书局,1982,第375页。

请求撤去毛玠所就任的东曹。曹操亦明白众人忌惮的缘由，但是又不方便当面点破，于是利用日出、月盛均于东的道理保留了东曹，裁撤了西曹。此外，在"举孝廉"中，"举廉"比之于"举孝"难度更大，由于孝德是中国传统的核心道德德性，在汉代又有制度上的保障，故而士人们从小浸浴在孝德的教育和宣扬中，孝德与孝行都成为士人的习惯。然而，廉德则没有以上这些基础。廉德和廉行往往要在士人成长到一定阶段后才能被意识到。一方面由于士人内心的廉德比孝德的基础更弱，另一方面又由于士人做到廉行比做到孝行的难度更大。曹操意图用"唯才是举"的取士方式颠覆"举孝廉"的取士方式，首先就是否定廉德。士人阶层对毛玠和崔琰崇尚清廉的严苛标准所产生的不满，以及毛玠和崔琰的被罢黜和处死，标志着在汉魏之际的德才观之中廉德的衰弱与瓦解。

三　士人对"唯才是举"的回应

曹操在《求贤令》中明确提出"唯才是举"的选拔制度之后，汉魏之际的德才观开始发生嬗变。士人阶层德才观开始嬗变最主要的体现在于，他们已经开始将"唯才是举"的选拔制度上升为伦理道德观念，并且在理论上做出论证和辩护，在实践上也通过一系列政治行为来践行"唯才是举"的伦理道德观念。在这一时期，士人阶层中比较有代表性的一批人物就是由王粲、孔融、陈琳、徐幹、阮瑀、应场和刘桢七人所组成的"建安七子"。"建安七子"在文学领域是建安时代的翘楚，他们的哲学思想、伦理观念以及政治理念在当时也产生了广泛的影响；而他们的诗词和文章一定程度上也反映了当时士人阶层是如何受到曹操"唯才是举"思想的影响，以及如何回应这种思想的。"建安七子"之中，孔融在《求贤令》颁布之前已经被杀，余下的六人中以王粲、阮瑀和应场的文学成就最高，关于当时士人阶层对"唯才是举"的回应，可以通过他们诗文中所隐含的伦理道德观念管窥一

二。首先就是王粲的《儒吏论》。王粲在《儒吏论》中对传统儒生的
"文吏化"提出批评，其论曰：

> 士同风于朝，农同业于野，虽官职务殊，地气异宜，然其致
> 功成利，未有相害而不通者也。古者八岁入小学，学六甲、五方、
> 书计之事；十五入大学，学君臣、朝廷、三事之纪。然则文法典
> 艺，具存于此矣。至乎末世，则不然矣。执法之吏，不窥先王之
> 典，搢绅之儒，不通律令之要。彼刀笔之吏，岂生而察刻哉？起
> 于几案之下，长于官曹之间，无温裕文雅以自润，虽欲无察刻，
> 弗能得矣。竹帛之儒，岂生而迂缓也？起于讲堂之上，游于乡校
> 之中，无严猛断割以自裁，虽欲不迂缓，弗能得矣。先王见其如
> 此也，是以博陈其教，辅和民性，达其所壅，祛其所蔽，吏服雅
> 训，儒通文法，故能宽猛相济，刚柔自克也。①

王粲认为，当此乱世之际，儒家传统重视士人德性的观念已经不符合
时势的要求，如若要将乱世转变为治世，则必须使"吏服雅训，儒通
文法"。王粲的思想就是主张将吏与儒相结合、才能与德行相结合，
最终达到"宽猛相济，刚柔自克"的境地。王粲本人的政治主张是站
在维系汉室正统一方的，其伦理思想主张也是以德为主、以才为辅形
式的德才兼具思想。然而其在《儒吏论》中的思想显然已经将德与才
置于平分秋色的地位，这与《求贤令》对士人的影响不无关系。此
外，《儒吏论》所体现的"宽猛相济，刚柔自克"的观点，也委婉地
表达了其对"唯才是举"的认同态度。

　　与王粲相对保守的态度不同，阮瑀和应玚则较为明确地受到了
《求贤令》"唯才是举"思想的影响，他们对"唯才是举"的回应也

---

① （汉）王粲：《儒吏论》，俞绍初辑校《建安七子集》卷三，中华书局，2016，第148~
149 页。

较为清楚明白。譬如阮瑀在《文质论》中论述了"通士"和"质士"的差别，其文曰：

> 通士以四奇高人，必有四难之忌。且少言辞者，政不烦也；寡知见者，物不扰也；专一道者，思不散也；混蒙蔽者，民不备也。质士以四短违人，必有四安之报。故曹参相齐，寄托狱市，欲令奸人有所容立；及为宰相，饮酒而已。故夫安刘氏者周勃，正嫡位者周勃。大臣木强，不至华言。孝文上林苑欲拜啬夫，释之前谏，意崇敦朴。自是以降，其为宰相，皆取坚强一学之士。安用奇才，使变典法。①

阮瑀此处提及的"质士"就是指有才能的朴实士人。尽管这些"质士"存在道德方面的缺陷，但是统治者只要能够善于运用他们所具备的才能，那么在治国理政上就会有较大的回报。因此，统治者更易典章制度并不一定需要皆用德才兼备的"通士"，能够利用好"质士"就足够了。应玚亦在其《文质论》中提出"明建天下者非一士之术，营造宫庙者非一匠之矩也。……言辨国典，辞定皇居，然后知质者之不足，文者之有余"②的观点。虽然应玚所认为的"质者之不足，文者之有余"是对阮瑀的反驳，但是他提出的安定天下也需要吸纳众多有不同才能的士人的观点，也是对"唯才是举"的呼应和辩护。

在《求贤令》颁布之后也有不少士人在政治上践行"唯才是举"，并为"唯才是举"的理念辩护，这在当时董昭谏曹操晋位公爵之事中体现得淋漓尽致。董昭认为"自古以来，人臣匡世，未有今日之功。

---

① （汉）阮瑀：《文质论》，俞绍初辑校《建安七子集》卷五，中华书局，2016，第194页。

② （汉）应玚：《文质论》，俞绍初辑校《建安七子集》卷六，中华书局，2016，第213~214页。

有今日之功，未有久处人臣之势者也。今明公耻有惭德而未尽善，乐保名节而无大责，德美过于伊、周，此至德之所极也"。① 董昭建议曹操晋位公爵，曹操以自身德行不足为由坚决推辞，董昭则肯定了曹操的能力和功业，认为只要有能力和功业就可以受封为公爵。曹操的封公建国违背了汉代不封异姓王公的规定，是实实在在的僭越悖逆的行为。同时，在曹操晋爵为公之时，士人阶层面对这种僭越之举大多选择了缄默的态度。在《求贤令》提出"唯才是举"之前，郭嘉行为不检点，陈群敢当廷非议；陈矫婚于本族，徐宣则当众揭发。而在建安中期，甚至连敢于指出士人德行有亏并对其做出批评的人也没有。士人阶层在政治实践中，一方面以自身的行动践行"唯才是举"的理念，另一方面又以缄默的态度对公然背德僭越之举视而不见。这就促使当时士人的德才观发生了本质的嬗变，即认为王侯将相非有德者居之，而是有才者居之。如果说在建安初期，《论吏士行能令》提出"治平尚德行，有事赏功能"的思想使士人的德才观嬗变为"德才并重"，那么《求贤令》提出"唯才是举"的思想则促成了忽视德性、只重视才能的德才观。

第二节　士有偏短：德才观嬗变的深化

一　"士有偏短，庸可废乎！"

建安十八年（213）五月，汉献帝正式册封曹操为"魏公"，魏国社稷宗庙也在同年七月建立，魏国在政治机构上"置丞相已下群卿百寮，皆如汉初诸侯王之制"。② 在次年，汉献帝又使曹操位在诸侯王之上。此时，曹操对内进一步排除异己，杀死意图谋害他的伏完，并且

---

① 《三国志》卷十四，中华书局，1982，第439页。
② 《三国志》卷一，中华书局，1982，第39页。

废了汉献帝的伏皇后。曹操做出的这些逾制违礼的行为表明，其代汉
践祚之心已是昭然若揭。曹操对外则继续南征北讨，先后在西凉和合
肥与马超、宋建以及孙权等势力交战。建安十六年，刘备开始西入川
蜀，并于建安十九年包围成都，消灭了割据益州的军阀刘璋。刘备割
据川蜀之后亦选贤举能，使荆州和益州的士人"皆处之显任，尽其器
能。有志之士，无不竞勤"。① 在这样的局势之下，曹操在刘备入主川
蜀当年的十二月颁布了第二道"求贤令"，即《敕有司取士毋废偏短
令》。该令的颁布，一方面是因为曹魏社稷建立伊始百业待兴，需要
吸纳更多的人才为曹魏公室效力，同时还需要向士人阶层灌输弃汉投
魏的思想；另一方面则是因为坐拥荆、益两州的刘备也在广纳贤才，
曹操对此也要做出一定的回应。其文曰：

> 夫有行之士未必能进取，进取之士未必能有行也。陈平岂笃
> 行，苏秦岂守信邪？而陈平定汉业，苏秦济弱燕。由此言之，士
> 有偏短，庸可废乎！有司明思此义，则士无遗滞，官无废业矣。②

曹操在《敕有司取士毋废偏短令》的开篇就表明了自己的德才观，即
有良好德行的士人不一定能够进取，进取有为的士人也不一定就有良
好的德行。曹操以陈平和苏秦为例，陈平就不是一个忠诚笃实的士人。
《史记·陈丞相世家》曰："汉王召让平曰：'先生事魏不中，遂事楚
而去，今又从吾游，信者固多心乎？'平曰：'臣事魏王，魏王不能用
臣说，故去事项王。项王不能信人，其所任爱，非诸项即妻之昆弟，
虽有奇士不能用，平乃去楚。闻汉王之能用人，故归大王。'"③ 陈平
先在魏王魏豹之处出仕，不容于魏豹后又投靠了西楚霸王项羽；陈平

---

① 《三国志》卷三十二，中华书局，1982，第833页。
② 《三国志》卷一，中华书局，1982，第44页。
③ 《史记》卷五十六，中华书局，1959，第2054页。

又不受项羽的重用，随后才经魏无知的推荐最终归顺了汉王刘邦。同样，苏秦也不是一个守持信义的人。《史记·苏秦列传》曰："苏秦曰：'孝如曾参，义不离其亲一宿于外，王又安能使之步行千里而事弱燕之危王哉？廉如伯夷，义不为孤竹君之嗣，不肯为武王臣，不受封侯而饿死首阳山下。有廉如此，王又安能使之步行千里而行进取于齐哉？信如尾生，与女子期于梁下，女子不来，水至不去，抱柱而死。有信如此，王又安能使之步行千里却齐之强兵哉？臣所谓以忠信得罪于上者也。'"① 苏秦被他人诬陷为缺乏忠信，他理直气壮地在燕王面前为自己辩护。苏秦认为忠信的品德是为了自己，进取的才干是为了他人，他甚至认为如果自己真的是孝比曾参、廉胜伯夷、信如尾生，那么也就无法为燕王谋取天下。从历史上看，陈平和苏秦皆为朝秦暮楚的反复之臣，然陈平成为奠定西汉基业的股肱之士，苏秦对于弱小的燕国来说则是与中原诸侯争雄争霸事业中的主心骨。曹操推崇陈平和苏秦这样的士人，提出了"士有偏短，庸可废乎！"的用人指导思想，并进一步督促主管选举考察的官员，在"士有偏短，庸可废乎！"的思想指导下选举人才，这样就能使有才能的士人不会被遗漏，政府里的各个职位也不会被荒废。

对于《敕有司取士毋废偏短令》所提出的"士有偏短"的观念，张作耀先生认为这是曹操在强调当时的状况正是急需用人之际，不能因为在品行上有某些缺点从而对人才弃之不用，"士有偏短"的观念与"唯才是举"的观念在内涵上并无二致。② 张作耀先生的观点只是局限于对"士有偏短"的字面含义的理解。如果将《敕有司取士毋废偏短令》与《求贤令》做纵向的对比，深入挖掘两者的细微差异，则会发现它的实际内涵远不止如此。与《求贤令》中的"唯才是举"思

---

① 《史记》卷六十九，中华书局，1959，第2264页。

② 参见张作耀《曹操尚礼重法思想述论》，《东岳论丛》1998年第3期，第27页。

想相比，《敕有司取士毋废偏短令》中的"士有偏短"观念在其基础上对汉魏之际的德才观嬗变做出了进一步推进。《求贤令》的"唯才是举"是以积极的方式强调士人的才干，在士人的德行方面，除了廉德之外没有对其他的德性做过多阐述。《敕有司取士毋废偏短令》则以一种消极的方式否定德性，以此对《求贤令》进行补充。结合《求贤令》中的"唯才是举"思想和《敕有司取士毋废偏短令》中的"士有偏短"观念，能够发现此时曹操所表现出的一种"非德"倾向。这种"非德"倾向并没有具体的特称指向，它不否定某个具体的德性，而是以一种消极的态度，委婉地以全称指向否定士人阶层的德性范畴。这种"非德"倾向的德才观在两个层次上对汉魏之际的德才观造成了影响。第一个层次是造成德与才的分裂，曹操提出的"有行之士未必能进取，进取之士未必能有行"，就是认为德性和才能未必能够在作为个体的士人身上得到统一。第二个层次是造成德与才的倒置，曹操在德与才的关系分裂的基础上对陈平和苏秦这样才能出众而德性不足的士人表达赞许的态度，正说明了曹操此时已经将士人才能的地位进一步提高，凌驾于士人的道德德性之上。这也促使了汉魏之际士人的德才观发生进一步的嬗变，即德才关系的分裂与德才地位的倒置。

二 德才关系的分裂

关于德与才相互之间的关系问题，在东汉末年，当士人阶层出现普遍的"矫激"现象的时候，有德即是有才的观念在士人阶层中是固有的共识。这一时期，德性和才能在一定意义上几乎是等同的，更不用说在作为个体的士人身上是否能够统一。在曹操发布《论吏士行能令》之后，虽然才在士人阶层心目中的地位得到了提高，但是有德即是有才的观念没有被完全解构，"治平尚德行，有事赏功能"的思想也只是在德和才未分离的状态下，依据具体政治环境的不同而选择何者的问题。在曹操正式颁布《求贤令》之后，"唯才是举"的思想也没有否认德与才在作为个体的士人身上的同一性。曹操的《敕有司取士毋废偏短令》中"非德"的思想倾向所造成的第一个层面的影响，就是德才观中德和才的关系的分裂。被称为"智囊"的桓范在其《政要论》的《辨能篇》中就暗示了当时士人阶层中的这种德才观：

> 夫商鞅、申、韩之徒，其能也，贵尚谲诈，务行苛克，则伊尹、周、邵之罪人也。然其尊君卑臣，富国强兵，有可取焉。宁成、郅都辈，放商、韩之治，专以残暴为能，然其抑强抚弱，背私立公，尚有可取焉。其晚世之所谓能者，乃犯公家之法。赴私门之势，废百姓之务，趣人间之事，决烦理务，临时苟辨，但使官无谴负之累，不省下民吁嗟之冤。复是申、韩、宁、郅之罪人也。①

桓范认为像商鞅、申不害、韩非这样的士人，他们的才能在于崇尚阴险狡诈的手段，推行严厉苛刻的政策。他们在伊尹、周公和召公这些主张仁德治世的圣人眼中，都属于败坏国家德性的罪人。像宁成和郅都这样的酷吏，他们模仿商鞅和韩非的治国方略，以专行残暴为能力，在儒家传统的重视德的地位的德才观的视角下，更是祸国大盗。不论是商鞅、申不害和韩非这样的为传统儒家所不齿的法术之士，还是宁成、郅都这样手段更为残忍的酷吏，他们就其才干而言虽有可取之处，在仁德的方面则不能令人满意。那么执政者甚至不断选用不如他们的人，其原因何在呢？即"为贵势之所持，人间之士所称，听声用名者众，察实审能者寡，故使能否之分不定也"。②桓范希望统治者能够细致审查官员的实际能力，不要听取所谓的好的名声，对人才的分界也

---

① 刘余莉主编《群书治要译注》卷四十七，中国书店，2012，第 3954 页。
② 刘余莉主编《群书治要译注》卷四十七，中国书店，2012，第 3954 页。

不能不明确，要做到各尽所用。从桓范《政要论》的《辨能篇》之中，能够看到的是用人取士有"听声用名"和"察实审能"两种方法，桓范是支持后者的。桓范认为道德名声就是道德名声，实际才干就是实际才干，二者有明确的界限，统治者必须要避免"能否之分不定"的暧昧情况。

桓范明确道德名声与实际才干二者界限的观点，至少从侧面反映了曹操《敕有司取士毋废偏短令》中的"非德"倾向影响了士人德才关系分裂这一层面的德才观的形成。当士人以这样的德才观投身于具体的政治实践活动，其所表现出的实例也如桓范所言，即有道德之士从事教化之职，有才干之士从事具体行政，两者各司其职、各有所用。桓范自身的政治实践也证明了其观点，《三国志·魏书·曹爽传》注引《魏略》曰：

> （桓范）持节都督青、徐诸军事，治下邳。与徐州刺史郑岐争屋，引节欲斩岐，为岐所奏，不直，坐免还。复为兖州刺史，怏怏不得意。又闻当转为冀州牧。是时冀州统属镇北，而镇北将军吕昭才实仕进，本在范后。范谓其妻仲长曰："我宁作诸卿，向三公长跪耳，不能为吕子展屈也。"其妻曰："君前在东，坐欲擅斩徐州刺史，众人谓君难为作下，今复羞为吕屈，是复难为作上也。"范忿其言触实，乃以刀环撞其腹。妻时怀孕，遂堕胎死。范亦竟称疾，不赴冀州。①

桓范十分贪婪，想要抢夺郑岐的房产，并且还想要凭借自己"钦差大臣"的身份杀死郑岐。而桓范在冀州时，又不甘心身居吕展之下，其妻子劝谏，亦被桓范怒而伤害，以至于堕胎而死。桓范不仅贪婪无度，而且还滥用职权以杀人揽财，然而后果也只是被暂时免职，之后又受

---

① 《三国志》卷九，中华书局，1982，第290页。

到朝廷的重用。桓范的行为之所以没有受到处罚，甚至当时士人阶层中连一丝非议都没有，很大程度上就是因为"有行之士未必能进取，进取之士未必能有行"的观念被普遍认可。① 既然桓范有智计，能够都督军事、镇守一方，相关的工作也与道德品行无关，那么桓范就是所谓的"进取之士未必能有行"，他的行为是可以被宽容的。至于那些道德高尚的士人，就是所谓的"有行之士未必能进取"，他们的作用大多在于引领道德风尚，负责宣传工作，就任一些虚职，成为政治活动中的花瓶。比如郑冲，《晋书·郑冲传》称其"以儒雅为德，莅职无干局之誉，箪食缊袍，不营资产，世以此重之"。② 故而郑冲只能成为世子曹丕的私人掾属，就任文学之职，并无实权。又如司马孚，《晋书·安平献王孚传》称其"箪食瓢饮，而披阅不倦。性通恕，以贞白自立，未尝有怨于人"。③ 然而司马孚也只是陈留王曹植的私人掾属，虽然后又晋升为太子中庶子，辅佐曹丕，但同样无实权。邢颙的经历更能说明问题。邢颙品德高尚，《三国志·魏书·邢颙传》曰："时人称之曰：'德行堂堂邢子昂。'……除行唐令，劝民农桑，风化大行。"④ 他在曹操颁布《敕有司取士毋废偏短令》之前还能有所作为，在《敕有司取士毋废偏短令》颁布之后则专任太傅，名义上为升迁，实际上也是就任虚职。在《敕有司取士毋废偏短令》宣扬"士有偏短"的用人取士指导思想以及"非德"倾向的影响下，士人阶层出现德才关系分裂的德才观，当士人持着这种德才观投身于具体的政治实践中，政治实践也会反过来推动士人阶层德才观的嬗变，德才关系的分裂也就推进到了第二个层次，即德才地位的倒置。

① 桓范与郑岐争屋，以及桓范伤害妻子之事皆发生在魏明帝曹叡在位的时期。虽然此时距离《敕有司取士毋废偏短令》的颁布已经有一段时间，但是皆体现该令将德才关系分裂的影响，因此不影响论证的有效性。

② 《晋书》卷三十三，中华书局，1971，第91页。

③ 《晋书》卷三十七，中华书局，1971，第1081页。

④ 《三国志》卷十二，中华书局，1982，第382~383页。

三　德才地位的倒置

随着德才关系的分裂，士人作为一个独立的个体未必能够将德和才统摄到一起，那么按照逻辑的演进，德行和才能何者为先的问题就开始凸显出来。在"有行之士未必能进取，进取之士未必能有行"这种"非德"的思想倾向的影响下，士人在政治实践中也被明确区分。"有行之士"大多就任虚职并无实权，政治地位较低；"进取之士"则居国家之枢要，政治地位更高。这种政治实践的结果反作用于汉魏之际的德才观，德行和才能的地位也发生倒置。这种思想在建安七子之一的徐幹的著作中体现得淋漓尽致。徐幹以其哲学和伦理学思想被后世所赞誉，在大致与《敕有司取士毋废偏短令》同时成文的《中论》中，徐幹就专门撰写《智行》一章，讨论德行和才能何者为先的问题。徐幹论曰：

> 或曰："士或明哲穷理，或志行纯笃，二者不可兼，圣人将何取？"对曰："其明哲乎？夫明哲之为用也，乃能殷民阜利，使万物无不尽其极者也。圣人之可及，非徒空行也，智也。伏羲作八卦，文王增其辞，斯皆穷神知化，岂徒特行善而已乎！《易·离》象称：'大人以继明照于四方。'且大人，圣人也。其余象皆称'君子'，盖君子通于贤者也。聪明惟圣人能尽之，大才通人有而不能尽也。"①

根据上下文内容分析，徐幹所谓的"明哲穷理"即指才能，"志行纯笃"即指德行。②徐幹认为士人或是"明哲穷理"的实干之人，或是

---

① 孙启治解诂《中论解诂》，中华书局，2014，第 144 页。
② 此章虽以"智行"为名，然徐幹《中论》中常用"才智"一词（详后），说明"才""智"含义相近，此处"智"可作"才"解。

"志行纯笃"的有德之辈，当德行与才能不能兼备之时，圣人将会以才能为先。只有得有才能之士而用之方能让人民富裕、国家获利，万事万物也能发挥到极致。圣人所追求的也不是空有道德名声，而是真正的智慧。徐幹在《智行》一章中还以颜回为例，子贡自认不如颜回，因为颜回"闻一以知十"，子贡自己则是"闻一以知二"，孔子也惊叹颜回有奇才。子贡和孔子所叹服的皆是颜回的才能，他们更认可才能的重要性，故而"曾参虽质孝，原宪虽体清，仲尼未甚叹也"。①从徐幹举颜回的例子对德性和才能何者为先的论证中，可以看出徐幹浓厚的重才思想。

除了浓厚的重才思想，徐幹在《智行》一章中还表达了自己的轻德思想。当时就有人提出问题，如果士人具有一定的才智但是德行不良，那么这个士人可以取用吗？徐幹对这个问题的回答是肯定的。和曹操一样，徐幹亦十分推崇管仲。徐幹论曰：

> 或曰："苟有才智，而行不善，则可取乎？"对曰："何子之难喻也？水能胜火，岂一升之水灌一林之火哉。柴也愚，何尝自投于井？夫君子仁以博爱，义以除恶，信以立情，礼以自节，聪以自察，明以观色，谋以行权，智以辨物，岂可无一哉，谓夫多少之间耳。且管仲背君事仇，奢而失礼，使桓公有九合诸侯、一匡天下之功。仲尼称之曰：'微管仲，吾其披发左衽矣。'召忽伏节死难，人臣之美义也，仲尼比为匹夫匹妇之为谅矣。"②

管仲在公子纠死后又改为辅佐齐桓公，为人贪婪不合礼制。然而，管仲却帮助齐桓公九合诸侯、一匡天下；召忽则在公子纠死后自杀殉主，尽臣子之道，孔子批评他做出这种行为与匹夫无异，圣人所重视的就

---

① 孙启治解诂《中论解诂》，中华书局，2014，第148页。
② 孙启治解诂《中论解诂》，中华书局，2014，第151页。

是能够在世上建功立业的士人。徐幹提出："是故圣人贵才智之特能立功立事，益于世矣。如愆过多，才智少，作乱有余，而立功不足，仲尼所以避阳货而诛少正卯也，何谓可取乎？汉高祖数赖张子房权谋，以建帝业。四皓虽美行，而何益夫倒悬？此固不可同日而论矣。"[①] 徐幹认为有些道德败坏的士人确然不可取，其原因在于这些士人不仅道德败坏，而且也没有才能，所以他们作乱犯上绰绰有余，建功立业则显得不足，孔子之所以躲避阳货、诛杀少正卯，正是这个道理。汉高祖刘邦凭借留侯张良的计谋得以建立西汉之帝业，"商山四皓"有良好的德行，如果让他们挽救天下于倒悬，他们也束手无策。徐幹得出的结论是：在汉末这个乱世之中，提倡士人的德行并不是济世的良方，必须要依靠才能。

从徐幹的《中论》的两段论述中，可以看出徐幹强烈的"重才轻德"思想，也能管窥当时士人阶层总体的德才观。徐幹推崇"明哲穷理"，轻视"志行纯笃"，不仅受到了曹操"求贤令"思想的影响，同时也为曹操的"求贤令"提供了理论上的支持。徐幹在《中论》中的论述就是为曹操提出的"唯才是举"这一德才观在伦理理论上提供根据。值得一提的是，当曹操在《求贤令》中推崇管仲，他仅仅是以管仲并非廉洁之士的例子否定了士人的廉德；徐幹在《中论》中推崇管仲，除了否定廉德的作用，还体现了比曹操更为激进的思想。徐幹赞扬管仲、贬低召忽，就是在向士人暗示忠德的不必要性。结合当时东汉王朝的没落以及曹魏公国建立的历史背景，以徐幹为代表的士人无疑是在向整个士人阶层灌输弃汉投魏的思想。对于汉魏之际的德才观而言，《敕有司取士毋废偏短令》宣扬的"士有偏短"的观念所体现出的"非德"的思想倾向，使德和才的关系不仅是分裂的，甚至才的地位已经超越了德，在士人阶层的伦理价值观中占据了主要地位。汉

---

① 孙启治解诂《中论解诂》，中华书局，2014，第151页。

魏之际的德才观发生如此的嬗变，无异于发动了一场伦理思想上的革命。

第三节　勿拘品行：德才观嬗变的完成

一　"各举所知，勿有所遗"

时至建安后期，政治局势又出现了一些新的变化。首先是在军事方面，建安二十年（215）三月，曹操亲率大军进攻汉中，割据汉中的"五斗米道"教主张鲁归顺曹操。至此，曹操与坐拥荆、益二州的刘备开始了以汉中为核心的拉锯战。同年八月，孙权再次发动合肥会战，被曹操部下大将张辽和李典击破，铩羽而归。曹操在降服割据汉中的张鲁之后，再次亲自领兵进驻濡须与孙权对峙，双方于建安二十二年二月罢兵，于是曹操与孙权在淮南也进入相持的状态。其次则是在内政方面，曹操于征讨孙权之后被汉献帝正式加封为王，随后曹操被允许"设天子旌旗，出入称警跸……冕十有二旒，乘金根车，驾六马，设五时副车，以五官中郎将丕为魏太子"。[①] 就其所持仪仗与用度标准而言，俨然为一国天子，距离篡汉践祚也仅一步之遥。也正是在曹操僭用天子仪仗之后，曹操即刻颁布第三道"求贤令"，即《举贤勿拘品行令》，进一步求取有才能的士人为魏王国的政权服务。其文曰：

> 昔伊挚、傅说出于贱人，管仲，桓公贼也，皆用之以兴。萧何、曹参，县吏也，韩信、陈平负污辱之名，有见笑之耻，卒能成就王业，声著千载。吴起贪将，杀妻自信，散金求官，母死不归，然在魏，秦人不敢东向，在楚则三晋不敢南谋。今天下得无有至德之人放在民间，及果勇不顾，临敌力战；若文俗之吏，高

---

① 《三国志》卷一，中华书局，1982，第49页。

才异质，或堪为将守；负污辱之名，见笑之行，或不仁不孝而有治国用兵之术：其各举所知，勿有所遗。①

曹操开篇以伊尹、傅说和管仲为例。《史记·殷本纪》曰："伊尹名阿衡。阿衡欲奸汤而无由，乃为有莘氏媵臣，负鼎俎，以滋味说汤，致于王道。"② 又曰："武丁夜梦得圣人，名曰说。以梦所见视群臣百吏，皆非也。于是乃使百工营求之野，得说于傅险中。是时说为胥靡，筑于傅险。"③ 伊尹就其出身来说，乃是有莘氏随嫁的臣仆，傅说则是在傅险之地从事建筑工作的刑徒，他们的出身都十分贫贱，但是以自己出众的才能辅佐成汤开创基业，协助武丁中兴殷商。至于管仲，《史记·管晏列传》曰："管仲事公子纠。及小白立为桓公，公子纠死，管仲囚焉。"④ 对于齐桓公来说管仲是曾经的敌人，但是齐桓公重用管仲，管仲亦协助齐桓公建立霸业。之后曹操又以西汉建国之初的萧何、曹参、韩信和陈平为例。《史记·萧相国世家》曰："萧相国何者，沛丰人也。以文无害为沛主吏掾。"⑤ 又《史记·曹相国世家》曰："平阳侯曹参者，沛人也。秦时为沛狱掾，而萧何为主吏，居县为豪吏矣。"⑥ 萧何和曹参两人都只是县吏出身，萧何在秦朝时期为沛县的主吏，曹参只是协助萧何的一名狱掾。韩信曾经遭人欺凌，忍受市井之人的胯下之辱，陈平则有"盗嫂"之名，他们两人都被世人耻笑。⑦

---

① 《三国志》卷一，中华书局，1982，第49～50页。
② 《史记》卷三，中华书局，1959，第94页。
③ 《史记》卷三，中华书局，1959，第102页。
④ 《史记》卷六十二，中华书局，1959，第2131页。
⑤ 《史记》卷五十三，中华书局，1959，第2013页。
⑥ 《史记》卷五十四，中华书局，1959，第2021页。
⑦ 关于韩信见辱之事，《史记·淮阴侯列传》曰："淮阴屠中少年有侮信者，曰：'若虽长大，好带刀剑，中情怯耳。'众辱之曰：'信能死，刺我；不能死，出我袴下。'于是信孰视之，俛出袴下，蒲伏。一市人皆笑信，以为怯。"见《史记》卷九十二，中华书局，1959，第2610页。而关于陈平"盗嫂"之事前文已述，此处则不赘言。

萧何、曹参、韩信和陈平最终都成就功业、青史留名。至于吴起的所作所为，则更是离经叛道。《史记·孙子吴起列传》记载，吴起"事曾子。居顷之，其母死，起终不归。曾子薄之，而与起绝。起乃之鲁，学兵法以事鲁君。鲁君疑之，起杀妻以求将"。[1]当时鲁国人认为吴起家里本有千金资产，他为了求官而散尽家财；吴起游学求仕不成，母亲死了也不归乡，曾子因此与他断绝了师徒关系；吴起为了追求名利，杀了他的妻子以换取鲁国国君的信任。然而吴起却有经天纬地之才，出仕于魏国则尽夺秦国河西之地，使秦国不敢东出函谷关；在楚国主持变法，则让强大的赵、魏、韩三国都畏惧楚国。最后，曹操提出举贤"勿拘品行"的观点，向士人们宣言，只要有才干，即使不仁不孝、德行败坏也可以被推举入仕。相比于曹操前两道"求贤令"，《举贤勿拘品行令》所提出的观点最为极端，对汉魏之际士人德才观的影响也最为重大。质言之，《举贤勿拘品行令》提出用人"勿拘品行"，选举任用官员应当各举所知、勿有所遗，这也使东汉末年士人阶层中原本所主张的儒家的"体用一致"思想被完全瓦解，儒家的伦理道德思想再也无法得到士人阶层的认可，并且那些秉持儒家传统伦理道德思想的士人，他们所安身立命的思想也丧失了应有的依据。

回溯一下曹操"求贤令"以及汉魏之际士人德才观嬗变的整体思想脉络，不难看出曹操的"求贤令"是如何逐次向士人阶层宣扬重德轻才的德才观的。首先，"求贤令"颁布之前，曹操在《论吏士行能令》中首次提出了将德行与才能相区分的思想，即所谓的"治平尚德行，有事赏功能"。此时曹操将才能提升到与德行并驾齐驱的地位，德行与才能还是士人所能兼具的品质。其次，在士人德才观嬗变的开始阶段，曹操在《求贤令》中明确提出了"唯才是举"的观念，将考

---

[1] 《史记》卷六十五，中华书局，1959，第2165页。

察士人的才能的理念投入政治实践中。此时曹操对廉德提出质疑，也是其尝试瓦解"举孝廉"制度的第一步。再次，在士人德才观嬗变的深化阶段，曹操在《敕有司取士毋废偏短令》中提出"士有偏短"的概念。此时曹操将德行和才能完全分离，表明士人无法兼具德行与才能，同时也进一步将德行和才能的关系倒置，使才能优先于德行，甚至影响了士人阶层对忠德的态度。

最后，在士人德才观嬗变的完成阶段，曹操在《举贤勿拘品行令》中又提出对"不仁不孝而有治国用兵之术"的人才要"其各举所知，勿有所遗"，试图挑战"举孝廉"的制度以及传统士人伦理道德价值的底线，从而将重才轻德的德才观推上顶峰。在《举贤勿拘品行令》颁布不到三年后，曹操去世，曹丕继位。曹丕和曹叡开始对曹操以及当时士人阶层存在的极端德才观进行反思和纠正。但是，由于曹丕与曹叡皆英年早逝，掌权的司马氏为了篡夺曹氏江山，继续奉行曹操"求贤令"中的思想。于是"求贤令"的极端的德才观在贯穿整个汉魏之际后，又延续到了魏晋时期。

二 从事政治生活："非乡愿之徒，则苟合之士"

正始十年（249），司马懿发动"高平陵之变"诛杀曹爽，司马氏自此开始大权独揽。司马氏为了培养自身的政治力量，达到自己谋权篡位的目的，就延续了曹操"求贤令"逐渐极端化的重才轻德思想，继续鼓吹"唯才是举"，汉魏之际士人德才观嬗变的必然结果就是从事政治生活的士人的道德品行十分不堪。以司马氏所倚重之心腹为例，贾充、陈骞、何曾、荀顗、杨骏等辈，无一不是乡愿苟合之徒。他们大多数为晋室立业建国之辅、托孤寄命之臣，然而从他们的生活状况来看，道德水平是相对较低的，这与司马氏延续"求贤令"中"唯才是举"的德才观是直接相关的。比如何曾，《晋书·何曾传》曰：

何曾字颖考，陈国阳夏人也。父夔，魏太仆、阳武亭侯。曾少袭爵，好学博闻，与同郡袁侃齐名。魏明帝初为平原侯，曾为文学。及即位，累迁散骑侍郎、汲郡典农中郎将、给事黄门侍郎。……然性奢豪，务在华侈。帷帐车服，穷极绮丽，厨膳滋味，过于王者。每燕见，不食太官所设，帝辄命取其食。蒸饼上不坼作十字不食。食日万钱，犹曰无下箸处。人以小纸为书者，敕记室勿报。刘毅等数劾奏曾侈忕无度，帝以其重臣，一无所问。①

何曾自魏明帝曹叡时期就开始入仕，好学博文，不可谓无才能，但是其生性贪婪、奢侈，挥霍无度，日常的车服、仪仗务求奢华，超过了帝王。并且，何曾每日仅在饮食方面就花费万钱，依然不知足。何曾身为太尉，是百官的表率，尚且如此，可见当时士人阶层的风气。曹操在《求贤令》中提出"若必廉士而后可用，则齐桓何以霸世"的观念，否定了廉德，可见此时《求贤令》的思想已经渗入士人阶层之中，廉洁之风已经不存。还有一些士人则趋炎附势、极尽谄媚之行。又如荀颤，《晋书·荀颤传》曰："颤明《三礼》，知朝廷大仪，而无质直之操，唯阿意苟合于荀勖、贾充之间。初，皇太子纳妃，颤上言贾充女姿德淑茂，可以参选，以此获讥于世。"② 荀颤精通《礼记》、《周礼》以及《仪礼》，并且还在西晋立国之初主持修订礼法，才干出众。然而荀颤在政治上则曲意逢迎当时的权臣荀勖与贾充，丧失士人的气节。比如司马炎欲给太子纳妃，荀颤谎称贾充的女儿贤良淑德、才貌双全。事实上，贾充的女儿贾南风不仅相貌甚陋，人品还十分低下。荀颤也因为自己见利忘义的违心之举被世人讥讽。荀颤这样的重臣尚且如此趋炎附势，那么其他从政士人的道德风气也

---

① 《晋书》卷三十三，中华书局，1971，第 994～998 页。
② 《晋书》卷三十九，中华书局，1971，第 1151～1152 页。

不难想见。

在从事政治生活的士人的伦理观念之中，他们对于忠的德性也较为淡漠。司马氏为了代魏自立的需要，向士人灌输抛弃忠德的思想，这也与曹操在《敕有司取士毋废偏短令》中的思想一脉相承。在司马氏夺权时最受重用的心腹贾充就是如此。《资治通鉴·魏纪九》记载了贾充授意成济弑杀高贵乡公曹髦事件之始末：

> 帝见威权日去，不胜其忿。五月，己丑，召侍中王沈、尚书王经、散骑常侍王业，谓曰："司马昭之心，路人所知也。吾不能坐受废辱，今日当与卿自出讨之。"王经曰："昔鲁昭公不忍季氏，败走失国，为天下笑。今权在其门，为日久矣，朝廷四方皆为之致死，不顾逆顺之理，非一日也。且宿卫空阙，兵甲寡弱，陛下何所资用；而一旦如此，无乃欲除疾而更深之邪！祸殆不测，宜见重详。"帝乃出怀中黄素诏投地曰："行之决矣！正使死何惧，况不必死邪！"于是入白太后。沈、业奔走告昭，呼经欲与俱，经不从。帝遂拔剑升辇，率殿中宿卫苍头官僮鼓噪而出。昭弟屯骑校尉伷遇帝于东止车门，左右呵之，伷众奔走。中护军贾充自外入，逆与帝战于南阙下，帝自用剑。众欲退，骑督成倅弟太子舍人济问充曰："事急矣，当云何？"充曰："司马公畜养汝等，正为今日。今日之事，无所问也！"济即抽戈前刺帝，殒于车下。昭闻之，大惊，自投于地。①

曹髦计划讨伐专横跋扈的司马氏，收回并稳固自身的权力。司马昭与贾充皆为魏臣，然而贾充却公然带领士兵对抗皇帝的军队，并且授意部下成济弑杀了高贵乡公曹髦。从贾充授意成济的弑君之举中可以看

---

① 《资治通鉴》卷七十七，中华书局，1956，第 2500～2501 页。

出士人对于忠德的态度的变化。尽管曹操向士人灌输弃汉投魏的思想，暗示忠德的不必要性，主张"任天下之智力"，却依旧强调"以道御之"。汉魏之际的士人依然不敢对皇帝有任何僭犯之心，即便如曹操僭用天子仪仗，也不敢弑君；曹丕篡汉自立之后，对汉献帝刘协也秋毫无犯。贾充在魏算不上权臣，仅仅是司马昭幕下的宠臣而已，竟然敢公然弑君且无任何愧疚之心，可见此时士人对忠德的漠视。在司马氏夺权之后，这种情况更甚。比如托孤之臣杨骏，晋武帝司马炎去世时，"梓宫将殡，六宫出辞，而骏不下殿，以武贲百人自卫。不恭之迹，自此而始"。① 杨骏受晋武帝司马炎托孤之命，然而司马炎刚去世，就表现出不恭之举，这有何忠诚可言。曹操"求贤令"在后期逐渐走向了极端，虽然曹丕以及当时的士人对这种极端的重才轻德思想有所反思，也采取了缓和措施，但是并未成功。正是因为司马氏意图夺权，势必延续曹操"求贤令"中的极端德才观，从而使汉魏之际的德才观在嬗变的过程中偏离原本的轨道，"唯才是举"的德才观最终造成从事政治生活的士人德性败坏。②

这些从事政治生活的士人，他们的德才观及其伦理道德思想是由汉魏之际士人德才观嬗变所产生的第一种取向。他们在士人阶

---

① 《晋书》卷四十，中华书局，1971，第1178页。
② 司马氏弑杀高贵乡公曹髦之事，如果再从时间的尺度上与东汉末年的权臣弑君对比来看，其具有的转折性意义则更加明显。譬如梁冀毒杀汉质帝刘缵，《后汉书·梁冀传》曰："帝少而聪慧，知冀骄横，尝朝群臣，目冀曰：'此跋扈将军也。'冀闻，深恶之，遂令左右进鸩加煮饼，帝即日崩。"（《后汉书》卷三十四，中华书局，1965，第1179页。）然而，梁冀未敢明目张胆地行事，亦不承认是自己所为。又如董卓毒杀汉少帝刘辩，《资治通鉴·汉纪五十一》曰："董卓使郎中令李儒酖杀弘农王辩。"（《资治通鉴》卷五十九，中华书局，1956，第1950页。）董卓虽然承认毒杀汉少帝刘辩，但是一方面未在大庭广众之下动手，而是让李儒在背地里下毒。另一方面，此时的刘辩已然被废为弘农王，并非居于帝位。因此，梁冀与董卓的弑君之举，与司马氏在大庭广众之下弑杀高贵乡公曹髦皆不可同日而语。而正是自司马氏弑杀高贵乡公曹髦之后，整个两晋南北朝直至隋重新一统天下，皇权更迭与王朝嬗代往往用这种方法，权臣与宠臣弑君自立之事比比皆是，不胜枚举。

层中占据绝大多数，而且社会地位也比较高。因此，他们的伦理
道德观念对国家和社会的道德、风俗以及礼法有相当大的影响。
正是由于这些从事政治生活的士人不具备应有的德性，才使当时
的社会礼仪废弛、道德败坏。《资治通鉴·晋纪十一》载晋人干宝
之论曰：

> 今晋之兴也，其创基立本，固异于先代矣。加以朝寡纯德
> 之人，乡乏不贰之老，风俗淫僻，耻尚失所。学者以庄、老为
> 宗而黜《六经》，谈者以虚荡为辨而贱名检，行身者以放浊为通
> 而狭节信，进仕者以苟得为贵而鄙居正，当官者以望空为高而笑
> 勤恪。……由是毁誉乱于善恶之实，情愿奔于货欲之涂，选者为
> 人择官，官者为身择利，世族贵戚之子弟，陵迈超越，不拘资次。
> 悠悠风尘，皆奔竞之士；列官千百，无让贤之举。……其妇女不
> 知女工，任情而动，有逆于舅姑，有杀戮妾媵，父兄弗之罪也，
> 天下莫之非也。礼法刑政，于此大坏，"国之将亡，本必先颠"，
> 其此之谓乎！[①]

从干宝的论述中可以看出，这些从事政治生活的士人堕落的道德品行，
正是晋祚衰败的根源。这里需要进一步分析的问题是，司马氏倡导
"以孝治天下"，诸如何曾和荀颙都以"纯孝"著称，那么是否意味着
这些从事政治生活的士人是尊崇道德德性的呢？如果何曾和荀颙亦是
尊崇道德德性的话，这又如何解释两人之前种种败坏德性的行为？事
实上，何曾和荀颙确实至孝，傅玄就曾评价何曾和荀颙，认为"以文
王之道事其亲者，其颍昌何侯乎，其荀侯乎！古称曾、闵，今曰荀、
何"。[②] 傅玄认为何曾和荀颙是以文王之道侍奉双亲，将他们比作春秋

---

① 《资治通鉴》卷八十九，中华书局，1956，第 2883 ~ 2884 页。
② 《晋书》卷三十三，中华书局，1971，第 997 页。

时的孝子曾参和闵子骞，可以说傅玄的评价是相当高了。然而，何曾和荀颛的至孝不能否定他们败坏德性的事实。首先，曹操在《举贤勿拘品行令》中提出要推举"或不仁不孝而有治国用兵之术"的士人，但曹操并未在真正意义上否定仁与孝的德性。然而在《求贤令》与《敕有司取士毋废偏短令》中，诸如廉与忠之类的德行则被淡化了。何曾和荀颛深受"求贤令"所提倡的德才观的影响，他们重视仁孝，轻视其他德性，是符合逻辑的。其次，司马氏所倡导的"以孝治天下"与汉代的"以孝治天下"的内涵是不同的。后者是在注重士人德性的基础上着重推崇孝，前者是在司马氏以不忠的方式窃取天下的前提之下以孝代忠。何曾和荀颛等人的孝行，在一定程度上有名闻利养的嫌疑。最后，在以孝代忠的形式下重视孝德，忽视了孝和忠的一体性。传统的德性观是移孝事君为忠，何曾和荀颛不忠于魏，也不忠于晋，故而亦谈不上是孝子。何曾骄奢淫逸，祸害了自身与家庭；荀颛趋炎附势，则为祸天下。这些从事政治生活的士人并非尊崇德性，而是在败坏德性。此外，如果将汉魏之际士人德才观嬗变前期与嬗变的最终结果对比来看，士人阶层中这些从事政治生活、执天下执牛耳的士人的道德水平呈现断崖式滑坡。何曾、荀颛、杨骏、贾充等人都出身名门，何曾之父何夔，其清正高洁与同时期倡导廉政的崔琰、毛玠齐名，然而何曾自身却贪婪无度。荀颛之父荀彧，更是德才兼备，在曹操欲封公爵之时依然不畏强权，直言进谏，而荀颛却成了谄媚之士。杨骏与贾充是彻头彻尾的不忠之臣，杨骏之祖辈杨彪与贾充之父贾逵皆为忠正耿直之士。同出于一个家族，只不过一代人的间隔，有的就是亲生父子的关系，这些从事政治生活的士人的道德水平已经有如此明显的差异，这说明曹操的"求贤令"对汉魏之际的德才观嬗变的影响力度。也正是这些士人忽视了自身的道德修养，才使社会风气大坏。朝堂之上多图谋私利之人，相互攻伐，进而"五胡"乘隙而入，国家和社会再次陷入动乱。[①]

三 远离政治生活："越名教而任自然"

汉魏之际士人德才观的嬗变所造成的另一种取向就是以"竹林七贤"为代表的士人所提倡的"越名教而任自然"的思想。在高平陵之变后，面对司马氏不断剪除异己的政治迫害，以阮籍、嵇康和向秀为代表的"竹林七贤"选择了远离政治的生活，他们提出"越名教而任自然"的伦理道德思想。以"竹林七贤"为代表的士人主张将"名教"与"自然"对立起来。"名教"即是传统道德规范条目所构成的礼教体系，"自然"则是人与生俱来的本性，他们认为传统的礼教是束缚人的本性的，因此，"竹林七贤"对"名教"进行了强烈的批判。一方面，"竹林七贤"对"名教"的起源做出批判。他们认为"名教"就其产生的源头而言就是与人的本性相互冲突、相互违背的。比如嵇康，其在《难自然好学论》中即提出"自然之得，不由抑引之《六经》；全性之本，不须犯情之礼律。故仁义务于理伪，非养真之要术；廉让生于争夺，非自然之所出"[②]的观点。嵇康认为，人的本性是从自然中获得的，并非从《六经》之中引申而出；而使本性完成的

---

① 需要注意的是，曹操的"求贤令"的影响主要是思想层面的，真正利用"求贤令"奠定的思想基础而落实至篡夺天下，并且逐步推至极端的，乃是司马氏。譬如司马懿发动高平陵之变推翻曹爽，夺得曹魏的主政大权，当时立下誓约称"唯免官而已"，最终却诛杀曹爽及其宗族。（见《三国志》卷九，中华书局，1982，第 287 页。）司马氏此举已是公然用实际行动向士族阶层宣扬背信弃义的价值观。司马昭弑杀高贵乡公以及司马炎篡位自立之后，又公然否定了"忠"与"礼"。自此以后，司马氏唯有以"孝"来治理天下，并且树立起强者得天下而非有德者得天下的形象。司马氏凭借如此价值观立国，当自身力量衰微之时，内忧外患亦自然发生。故而《晋书·宣帝纪》曰："明帝时，王导侍坐。帝问前世所以得天下，导乃陈帝创业之始，及文帝末高贵乡公事。明帝以面覆床曰：'若如公言，晋祚复安得长远！'"（见《晋书》卷一，中华书局，1971，第 20 页。）由此可见，司马氏在永嘉之乱后已然对自身得国不正，以及用败坏德性的手段创业立国有一定的反思。

② 戴明扬校注《嵇康集校注》卷七，中华书局，2015，第 408 页。

根本也与礼仪、律令无关。仁义的作用是协理虚伪，并不是培养人格的重要条件；廉让是由人与人之间相互争夺而生的，也并非源自自然之心。可以看到，嵇康在道德德性的起源上对"名教"进行批判，仁义的起源是"理伪"，廉让的起源是"争夺"，说明良好的道德德性的根源是人的德性败坏。嵇康依此得出结论，在世上大多数享有良好名声、以道德品行著称的士人大多名过其实，实际上这些人的品行十分败坏，他们培养出良好德性的目的是以这些德性掩盖败坏的德性，从而为自身谋取利益。"竹林七贤"批判"名教"的虚伪，与曹操"求贤令"批判东汉末年的"矫激"现象有异曲同工之妙。"求贤令"的思想长期作为官方的正统思想，"竹林七贤"的思想可以说部分延续了"求贤令"中的这种思想。另一方面，"竹林七贤"也对"名教"的作用做出批判。比如阮籍在其《大人先生传》中批判道："今汝尊贤以相高，竞能以相尚，争势以相君，宠贵以相加，驱天下以趣之，此所以上下相残也。"① 在阮籍看来，"名教"使人们尊崇贤明而比较高低，相竞显能而相互攀比，争夺权势而侍奉君王，宠信贵名而相加授，最后驱策天下之人对"名教"趋之若鹜，导致人与人之间的关系被破坏，加剧了人与人之间的相互残杀。"竹林七贤"认为"名教"的存在，对士人个人来说是败坏士人的德性，使士人变得虚伪狡黠；对社会来说则是败坏了社会的道德风气，使社会道德环境更加恶劣。

　　"竹林七贤"主张"越名教而任自然"，将"名教"与"自然"二者相互区分、对立。那么在批判和否定了"名教"之后，又如何做到崇尚"自然"呢？"竹林七贤"认为，崇尚"自然"就是让人的行为随着人自身的本性而发展。阮籍在《达庄论》中论述了这种伦理观念，认为"凡耳目之任，名分之施，处官不易司，举奉其身，非以绝

---

① 陈伯君校注《阮籍集校注》卷上，中华书局，2014，第141页。

手足，裂肢体也"。① 阮籍提出了"举奉其身"的思想，就是主张人的行为应当服从于身体各个官能的基本要求，发展各种官能的本性，从顺应官能的本性的角度做出行为，这就是崇尚"自然"。而这种崇尚自然最终的目的也是修身养性、延年益寿。嵇康进一步提出了"养生"的伦理主张，其在《答难养生论》中提出"知酒肉为甘鸩，弃之如遗；识名位为香饵，逝而不顾。使动足资生，不滥于物；知正其身，不营于外"，② 就是这种伦理观的典型体现。嵇康认为人要顺应自身的自然本性发展，并非单纯地追求欲望，而是将酒肉这些口腹之欲视为毒药，必须果断抛弃；将名利与高位视为诱饵，不应当过分去追求。行动足以维持基本生活，不必要贪得无厌。人应当正身，富贵只是身外之物。"竹林七贤"在这样一种伦理思想的基础上，提倡"越名任心"。嵇康在其《释私论》中认为所谓"越名任心"就是"君子之行贤也，不察于有度而后行也。任心无邪，不议于善而后正也。显情无措，不论于是而后为也"。③ 即人的道德行为之善恶与否，不取决于"名教"的条条框框，而是取决于人内心本性的自然要求。君子之所以做善事，并不是考虑到最终所能达到的善的结果，而只是出于内心善的自然需要从而触发自身的道德行为。嵇康的这种道德行为听凭自我意志的"越名任心"思想，隐约透露出行为义务论的思想内容。嵇康在其《兄秀才公穆入军赠诗》中提到"俯仰自得，游心太玄。嘉彼钓叟，得鱼忘筌。郢人逝矣，谁可尽言"。④ 这种俯仰自得、得鱼忘筌、放浪于形骸之外的人生态度，也是"越名教而任自然"这种伦理思想的理想境界。总而言之，以"竹林七贤"为代表的远离政治生活的士人，他们蔑视"名教"礼法，或多或少都受到曹操"求贤令"中

---

① 陈伯君校注《阮籍集校注》卷上，中华书局，2014，第 118 页。
② 戴明扬校注《嵇康集校注》卷四，中华书局，2015，第 269 页。
③ 戴明扬校注《嵇康集校注》卷六，中华书局，2015，第 368～369 页。
④ 戴明扬校注《嵇康集校注》卷一，中华书局，2015，第 21 页。

批判虚妄道德名声的影响。同时，由于司马氏继承了曹操"求贤令"中极端的重才轻德思想以及政治上的迫害，"竹林七贤"的伦理思想表现为既从"求贤令"中汲取了思想，同时也是对当时极端的德才观的抗争。

以"竹林七贤"为代表的士人，他们不拘泥于传统的礼法，提倡越名教、任自然，公然非汤武、薄周孔，这也使这些士人被主流社会认为是离经叛道之徒。自晋以来，有不少学者认为正是"竹林七贤"败坏了传统的儒家伦理道德，也正因为儒家伦理体系在这些人的败坏下走向崩溃，中华文明在很长一段时期内都饱受摧残。《晋书》撰者就批评以"竹林七贤"为代表的士人首倡"玄虚"，致使后人"摈阙里之典经，习正始之余论，指礼法为流俗，目纵诞以清高，遂使宪章弛废，名教颓毁，五胡乘间而竞逐，二京继踵以沦胥，运极道消"。① 顾炎武甚至更为激烈地批判"竹林七贤"，他认为"国亡于上，教沦于下。羌胡互僭，君臣屡易。非林下诸贤之咎而谁咎哉！"，② 直接将"五胡乱华"以及南北朝时期的臣子颠覆朝政、弑杀君王的罪责尽数归咎于"竹林七贤"。但是，将社会的礼仪废弛、道德败坏，最终导致"五胡乱华"和西晋亡国的责任完全归咎于以"竹林七贤"为代表的士人，这种观点未免有失公允。如果深入分析以"竹林七贤"为代表的士人的具体行为和思想论述，就能发现以《晋书》撰者和顾炎武为代表的学者所做出的指控并不成立。首先，以"竹林七贤"为代表的士人未必是道德与礼法的破坏者，因为从这些士族的行为中就能看到他们是认可德性的。比如阮籍，《世说新语·任诞》曰："阮公邻家妇有美色，当垆沽酒。阮与王安丰常从妇饮酒，阮醉，便眠其妇侧。

---

① 《晋书》卷六十一，中华书局，1971，第 2346 页。

② （清）顾炎武撰，（清）黄汝成集释《日知录集释》卷十三，栾保群、吕宗力校点，上海古籍出版社，2006，第 755 页。

夫始殊疑之，伺察，终无他意。"① 阮籍邻居的妻子很有姿色，这位妇人抛头露面卖酒。阮籍与王戎则经常至酒垆中与这位妇人喝酒，阮籍酒醉之后就睡在妇人的身边。阮籍的邻居起先怀疑阮籍与妻子有染，暗中窥探，却发现阮籍除了喝酒并无他意。阮籍没有做出任何非礼和逾矩的行为，可谓堪比柳下惠了。有人或许会说与他人的妻子醉酒而眠，这种行为本身就有违礼法，其实这只能证明阮籍蔑视传统名教的死板，不能证明阮籍伤风败德。再比如说王戎，《世说新语·德行》记载王戎与和峤同时遭遇大丧，王戎身体消瘦，未按照礼法哀悼吊丧，和峤则严格按照丧礼对母亲哭丧。晋武帝司马炎对刘毅说，和峤丧礼完备，表现得十分悲恸，并让刘毅探望和峤，刘毅认为"和峤虽备礼，神气不损；王戎虽不备礼，而哀毁骨立"。② 和峤为母服丧虽然礼数周全，而本人神气并未受损；王戎虽然礼数不周，却由于过于哀伤已经形销骨立了。王戎正是以死去尽孝道，只不过其认为不必要遵循死板的礼法，即所谓"论心不论迹"。相较之下，王戎反而比那些矫揉造作的士人更为孝顺。

其次，"竹林七贤"这样的士人之所以选择远离政治，是不愿与司马氏推崇的那些从事政治却重才轻德的小人同流合污。嵇康就是如此，《晋书·嵇康传》曰：

> 初，康居贫，尝与向秀共锻于大树之下，以自赡给。颍川钟会，贵公子也，精练有才辩，故往造焉。康不为之礼，而锻不辍。良久会去，康谓曰："何所闻而来？何所见而去？"会曰："闻所闻而来，见所见而去。"会以此憾之。及是，言于文帝曰："嵇康，卧龙也，不可起。公无忧天下，顾以康为虑耳。"因谮"康欲助毌丘俭，赖山涛不听。昔齐戮华士，鲁诛少正卯，诚以害时

---

① 张万起、刘尚慈译注《世说新语译注》，中华书局，1998，第721页。

② 张万起、刘尚慈译注《世说新语译注》，中华书局，1998，第16页。

乱教，故圣贤去之。康、安等言论放荡，非毁典谟，帝王者所不宜容。宜因衅除之，以淳风俗。"帝既昵听信会，遂并害之。[①]

出身名门的著名才辩之士钟会拜访嵇康，钟会德行不好，阴险狡诈，嵇康看不起钟会这种小人，并不理会钟会，而是自己锻铁。嵇康因此而得罪钟会，最后，被钟会诬陷而获罪受诛。可见，诸如嵇康、阮籍和王戎等士族在价值取向上并不认可重才轻德的士人。三道"求贤令"，逐步使此时从事政治生活的士人大多寡廉鲜耻，苟合乡愿，所以他们选择与这个群体划清界限，远离政治生活。有意思的是，山涛作为"竹林七贤"中的一员，最终选择入仕为官并且得到了升迁，还推荐嵇康代替其原来的职位，而嵇康则给山涛写了一篇"绝交书"作为回应。而且，以"竹林七贤"为代表的士人在当时属于士人阶层的极少数，他们远离政治生活，大多没有实际掌权，根本没有那么大的能力去影响整个国家和社会的道德风气。此外，从"竹林七贤"的文论中也能够看出，他们并非完全蔑视礼法与道德。阮籍在其《乐论》中就表达了重视礼乐的观点。阮籍认为："礼逾其制则尊卑乖，乐失其序则亲疏乱。礼定其象，乐平其心；礼治其外，乐化其内；礼乐正而天下平。"[②] 如果礼逾越了基本的规制，那么上下尊卑则会颠倒，乐失去了秩序，那么人与人之间的亲疏之别将会混乱。礼的作用在于使法令核定，乐的作用在于使心境平和；礼用于治理外事，乐用于感化身心；只有礼乐正才能天下平。嵇康在其给山涛的"绝交书"中也谈道："所谓达能兼善而不渝，穷则自得而无闷……故君子百行，殊途而同致。循性而动，各附所安。"[③] 这与孟子"穷则独善其身，达则兼

---

① 《晋书》卷四十九，中华书局，1971，第 1373 页。

② 陈伯君校注《阮籍集校注》卷上，中华书局，2014，第 74 页。

③ 戴明扬校注《嵇康集校注》卷二，中华书局，2015，第 177～178 页。

善天下"① 的人生态度和人生境界不谋而合。简而言之，不论是阮籍重礼乐的思想还是嵇康在《与山巨源绝交书》中所体现的理念，无一不是传统儒家伦理道德体系所提倡的，故而不能武断地认定以阮籍和嵇康为代表的"竹林七贤"完全蔑视礼法和道德。他们批判和否定的"名教"是虚伪、死板、僵化、束缚人的本性的礼教。综上所述，将礼仪废弛、道德败坏的责任完全归咎于以"竹林七贤"为代表的士人，这种观点是不妥当的。从汉魏之际士人德才观嬗变后形成的两种德才观的取向所产生的效果来看，那些居庙堂之上却德行败坏的人才是真正的罪魁祸首。

本章小结

在具体的时空之中，德才观作为一种伦理道德观念固然孕育于当时的思想环境，是当时的伦理生活的反映与写照。同时，由此孕育而生的德才观也反作用于当时的思想环境与伦理生活。曹操"求贤令"中的德才观也不例外，它在自身发展的同时也促进和推动了汉魏之际士人德才观的嬗变，这一嬗变有其清晰的历史进程。

首先，在《求贤令》中，曹操首次提出了"唯才是举"的思想，该思想在士人阶层中产生了广泛的影响。《求贤令》提出"唯才是举"的思想的目的在于瓦解东汉"举孝廉"的选举制度，首当其冲的是廉德。在《求贤令》颁布之后，士人阶层中的廉洁之风不存，士人心中的廉德也逐渐衰弱和瓦解。与此同时，以"建安七子"为代表的士人也对曹操《求贤令》中"唯才是举"的德才观做出回应。从士人阶层对"德才之辩"的态度可以看出，在汉魏之际德才观嬗变的开始阶段，才的地位得到提升，但德依然在士人阶层心目中具有重要的地位。

---

① （汉）赵岐注，（宋）孙奭疏《孟子注疏》卷十三上，北京大学出版社，1999，第335页。

其次，在《敕有司取士毋废偏短令》中，曹操提出"士有偏短"的观念。曹操以一种"非德"的思想倾向，进一步深化了"唯才是举"的德才观。曹操在《敕有司取士毋废偏短令》中认为，德与才的关系在概念上不是同一的，在现实中也是不能统一的，即将德才关系相互分裂；德与才的地位此时也发生了变化，才的地位开始凌驾于德之上。此时的士人阶层不论是在理论还是实践层面，都受到了这种"非德"的观念的影响。在汉魏之际的德才观嬗变的深化阶段，德才关系开始分裂，德才地位发生倒置。

最后，在《举贤勿拘品行令》中，曹操正式提出了"勿拘品行"的思想，甚至认为不仁不孝却颇具才干的士人也应该受到重用。曹操这种极端的德才观，已经进一步冲击了"举孝廉"中的孝德，空前提高了才的地位。魏晋时期，司马氏沿用了"求贤令"中极端的德才观。于是，在汉魏之际德才观嬗变的完成阶段形成了两种取向的德才观，其代表分别是从事政治生活，以重才轻德的德才观败坏德性的士人；以及远离政治生活，以"越名教而任自然"的态度坚守德性的士人。

第三章　汉魏之际士人德才观嬗变的伦理意蕴

通过对汉魏之际士人德才观嬗变的历史进程和曹操三道"求贤令"的思想演变脉络的分析，不难发现蕴藏在其中的问题，即德与才概念的问题、德与才的关系问题以及德与才的实践问题。对这三个问题进行剖析和解读，揭示其中的伦理意蕴，是汉魏之际士人德才观嬗变问题研究的核心论题。以下就立足于德与才概念的阐释，德与才关系的辨析以及德与才实践的矫正三个层面，对汉魏之际士人德才观嬗变的伦理意蕴进行论述。

第一节　德与才概念的阐释

一　德与名的混淆

东汉末年士人阶层所普遍存在的"矫激"现象，固然是由于汉代"举孝廉"的取士方式使"尚名节"的传统走向极端，但更深层次的原因则是东汉末年的士人阶层中的绝大多数人将德的概念与名的概念相互混淆。无论是"激诡之行"的士人还是欺世盗名的"伪君子"，他们无一不是将德的概念等同于名的概念。这样的情况在东汉中后期已经出现，比如王充在其"养德"与"养力"的学说中就明显体现出了这一谬误，王充在将法家思想重新从儒家思想中剥离的同时，就将"养德"的含义解释为"养德者，养名高之人，以示能敬贤"。① 即国家"养德"，就是要重视培养那些名声高洁的士人，以此来展现国家的尊贤敬能。由此可见，至少从王充开始，士人阶层已经将德的概念和名的概念相互混淆，东汉末年的士人的思想无疑在潜移默化中受到这种思想的影响，故而将德与名相互混淆的思想也就不可避免地在士人阶层中扩散开来。

清人赵翼在其《廿二史札记》中就对东汉末年士人阶层将德与名的概念混淆的这一思想状况有所总结。赵翼认为东汉"荐举征辟，必采名誉，故凡可以得名者，必全力赴之，好为苟难，遂成风俗。……盖其时轻生尚气已成习俗，故志节之士好为苟难，务欲绝出流辈，以成卓特之行，而不自知其非也"。② 正是由于东汉末年举荐和征辟必定考察士人的名声和赞誉，士人就对可获得名声与赞誉的事物趋之若鹜。久而久之，这种群体性的行为外化成为整个士人阶层的风气。士人在追求良好的道德名声的过程中，行为逐渐僵化，产生了种种"矫激"的现象，但是士人自身并未意识到这一点。从赵翼的论述中可以得知，在东汉末年士人将德与名之概念混淆的情况是十分普遍的。对于如何评价东汉末年士人阶层将德与才在概念上相互混淆，学界有所争议。第一种观点以罗国杰先生为代表，罗国杰先生认为汉代士人重视"名教"，"名教"之"名"有两方面的含义：一方面是崇尚礼乐，即凭借礼乐而理正名与位；另一方面则是重视刑名，即以"名实"或"名形"为其理论的中心。"名"是汉代的统治阶层将儒家重视"德"的伦理道德思想外化成如"三纲"和"五常"这样的道德条目，进而制定为道德规范。同时，这些士人以这些道德条目为基础，制定出了相

---

① 黄晖：《论衡校释》卷十，中华书局，1990，第438页。
② （清）赵翼撰，王树民校正《廿二史札记校正》卷五，中华书局，1984，第102～104页。

应的名分，这种思想是以儒家的"正名论"思想为根基的。① 质言之，罗国杰先生认为汉代士人之重名与重德在本质上是相同的。第二种观点是以阎步克先生为代表，阎步克先生愿意更多地把"以名取人"的伦理道德取向归于政治生活中的士人，将之与"以德取人"的伦理道德取向区别开来，而非将二者混为一谈。② 由于士人之德在东汉末年难以通过量化的方式做出考核和衡量，故而只能诉于士人阶层内部的品评，这就使德与名在概念上的混淆在实践的基础上得以可能。然而，传统的重德是源于政府与士人阶层之间的关系，政府重视士人的道德德性，鼓励道德教化；东汉末年的重名是源于士人阶层内部之间的关系，士人阶层中彼此相互品评、竞争名声。故而重名与重德在本质上并不相同，需要严格区分开来。

那么东汉末年士人阶层将德与名在概念上的混淆是否合乎逻辑，这就需要对德的概念做出阐释。在儒家传统对于"德"的解释中，作为名词的"德"在伦理道德意义上有两个层次的含义。其一是指代人的品德。《尚书·尧典》中有"克明俊德，以亲九族"，③《尚书·舜典》④ 中有"玄德升闻，乃命以位"，⑤"俊德"和"玄德"中的"德"，都是泛指人的品德和德性。譬如孔颖达疏曰："郑玄云：'俊德，贤才兼人者。'然则'俊德'谓有德。人能明俊德之士者，谓命为大官，赐之厚禄，用其才智，使之高显也。以其有德，故任用之。"⑥ 事实上，这一层次的"德"涉及的内容甚广，包含了诸如仁、

---

① 参见罗国杰主编《中国伦理思想史》，中国人民大学出版社，2008，第333～334页。

② 参见阎步克《察举制度变迁史稿》，辽宁大学出版社，1991，第6～12页。

③ （汉）孔安国传，（唐）孔颖达疏《尚书正义》卷二，北京大学出版社，1999，第27页。

④ 《尚书》有今文与古文之分，今文无《舜典》。现存《舜典》乃是东晋时期豫章梅赜伪造，即伪古文。《舜典》经文内容亦是增添"曰若稽古，帝舜曰重华，协于帝。浚哲文明，温恭允塞，玄德升闻，乃命以位"几句后，再合并《尧典》之"慎徽五典"以下之经文而成。

⑤ （汉）孔安国传，（唐）孔颖达疏《尚书正义》卷三，北京大学出版社，1999，第51页。

⑥ （汉）孔安国传，（唐）孔颖达疏《尚书正义》卷二，北京大学出版社，1999，第27页。

义、忠、孝等道德范畴，而"德"与其他条目和范畴的关系，可以视为"种"与"属差"的关系。其二则是指代人具体的道德行为，也就是德行。如《周易·乾卦·文言》："子曰：君子进德修业。忠信，所以进德也；修辞立其诚，所以居业也。"孔颖达疏指出："'子曰：君子进德修业'者，德谓德行，业谓功业。"①将"德"解释为人高尚的道德德行，如孝行、忠行、义行等含有伦理道德意义的行为。可见在一开始，德的这两种层次的含义就是密不可分的。然而在东汉末年，士人阶层将德与名的概念相互混淆，却剥离了德的这两种层次的含义。东汉末年士人阶层"重名"注重的是道德名声，他们忽视了德的第二层次的含义，而将德所本该具有的实践性内涵从德的概念中抽出，只保留了第一层次的含义，使德的概念只余下空洞、单调、缺乏内容的外壳。东汉末年士人阶层的"重名"是"重德名"，汉代统治者所提倡的"重德"是"重德实"，两者有本质上的区别。"重德"与"重名"不能够相互混淆，士人阶层中所提倡的高德美名也应当是士人高尚道德行为的次生结果，而非与之等同。由此可见，东汉末年士人阶层将德与名在概念上的混淆是不符合逻辑的，正是由于混淆了德和名的这一谬误所造成的一系列士风问题，才导致"求贤令"的诞生与汉魏之际士人德才观的嬗变。

二　才与实的混淆

德与名的混淆，是东汉末年士人阶层"矫激"现象的深层次原因。士人阶层中普遍存在的这种思想谬误，使士人"尚名节"的风气走向了极端。自曹操颁布三道"求贤令"之后，汉魏之际士人的德才观摆脱了这一种极端，却又迈向了另一种极端，士人的德才观从《求

---

① （魏）王弼注，（唐）孔颖达疏《周易正义》卷一，北京大学出版社，1999，第15～16页。

贤令》中的"唯才是举"发展到《举贤勿拘品行令》中的"勿拘品行"。建安末期之后的士人阶层在这样的德才观的影响下，其道德水平与之前的士人阶层相比有较大的滑坡。顾炎武曾评价"求贤令"对当时士风的影响，认为"求贤令"崇尚奖励才能出众的士人，其三次颁布"求贤令"最终到了需要求取"负污辱之名、见笑之行、不仁不孝而有治国用兵之术"的士人的地步，使当时的士人阶层"权诈迭进，奸逆萌生"。①直到曹魏建立，曹丕和曹叡有志于纠正士风，可惜均壮志未酬。曹魏太和年间，董昭就曾上疏议论当时士人中的伦理道德风气。《三国志·魏书·董昭传》曰：

> 昭上疏陈末流之弊曰："凡有天下者，莫不贵尚敦朴忠信之士，深疾虚伪不真之人者，以其毁教乱治，败俗伤化也。近魏讽则伏诛建安之末，曹伟则斩戮黄初之始。伏惟前后圣诏，深疾浮伪，欲以破散邪党，常用切齿；而执法之吏皆畏其权势，莫能纠擿，毁坏风俗，侵欲滋甚。窃见当今年少，不复以学问为本，专更以交游为业；国士不以孝悌清修为首，乃以趋势游利为先。合党连群，互相褒叹，以毁訾为罚戮，用党誉为爵赏，附己者则叹之盈言，不附者则为作瑕衅。至乃相谓'今世何忧不度邪，但求人道不勤，罗之不博耳；又何患其不知己矣，但当吞之以药而柔调耳。'又闻或有使奴客名作在职家人，冒之出入，往来禁奥，交通书疏，有所探问。凡此诸事，皆法之所不取，刑之所不赦，虽讽、伟之罪，无以加也。"②

董昭在其上疏中提出士人的虚伪不真将会毁坏教化、扰乱治理、败坏

---

① （清）顾炎武撰，（清）黄汝成集释《日知录集释》卷十三，栾保群、吕宗力校点，上海古籍出版社，2006，第753页。

② 《三国志》卷十四，中华书局，1982，第442页。

风俗、伤害风化，建安末期魏讽谋反和黄初初期曹伟叛乱皆是此风所致。① 董昭看到当时的士人阶层，还未出仕的士人不以学问为根本，终日以交游为业；已经入仕的士人不认可孝悌、清修等德性，而是趋炎附势、以利为先。不论是顾炎武对曹操"求贤令"的评价，还是董昭对当时士人德才观的总结，都体现了士人阶层风气的极端变化。士人德才观之所以发生这样的转变，究其根本，除却曹操为乱世求才的权宜之计与代汉自立的政治野心这两个现实因素，士人阶层将才与实在概念上的混淆是更为深层次的思想原因。士人阶层对才与实在概念上的混淆，是东汉末年将德与名在概念上混淆所产生的必然结果。由于东汉末年的士人将德与名在概念上相互混淆，造成了"矫激"现象这一极端情况，那么汉魏之际的士人在否定前人的时候自然要提倡与名相对立的实。在汉末动乱的社会环境下，曹操作为东汉王朝的实际掌权者，其用人取士方面也受到这一逻辑的影响。当时在用人标准问题上产生了"尚名"与"尚实"这两种相互对立的伦理道德倾向，在当时的士人阶层看来，袁绍的"从容饰智，以收名誉"就是典型的"尚名"，曹操的"唯才所宜"和"不为虚美"则是典型的"尚实"。"袁曹之争"的结果，在实践领域证明了曹操"治平尚德行，有事赏功能"这一德才观的正确，士人之"功能"即士人所具备的具体才干，那么按照这样的逻辑，将才与实相互混淆的逻辑也就顺理成章地形成，并且进一步在士人阶层的思

① 关于魏讽谋反与曹伟叛乱两件事的始末零星见于史籍之中，除董昭的上疏之外，王昶亦在其《诫子书》中论及此事，其文曰："近济阴魏讽、山阳曹伟皆以倾邪败没，荧惑当世，挟持奸慝，驱动后生。虽刑于铁钺，大为炯戒，然所污染，固以众矣。可不慎与！"又裴松之注引《世语》曰："黄初中，孙权通章表。伟以白衣登江上，与权交书求赂，欲以交结京师，故诛之。"（见《三国志》卷二十七，中华书局，1982，第746～747页。）此外，《三国志·魏书·武帝纪》曰："九月，相国钟繇坐西曹掾魏讽反免。"裴松之注引《世语》曰："讽字子京，沛人，有惑众才，倾动邺都，钟繇由是辟焉。大军未反，讽潜结徒众，又与长乐卫尉陈祎谋袭邺。未及期，祎惧，告之太子，诛讽，坐死者数十人。"（见《三国志》卷一，中华书局，1982，第52页。）

想中得到强化。

汉魏之际士人阶层将才与实等同的思想，与东汉士人阶层将德等同于名的思想类似，也存在一种逻辑上的谬误。要指出这一谬误，就需要阐释"才"的概念。在先秦时期，"才"作为名词使用时，其概念已经具有才能、才干的意义。在《论语·子路》中就有"仲弓为季氏宰，问政，子曰：'先有司，赦小过，举贤才。'"的记载。邢昺疏曰："举用贤才，使官得其人，野无遗逸，是政之善也。"① 又朱熹曰："贤，有德者。才，有能者。举而用之，则有司皆得其人而政益修矣。"② 这里的"举贤才"中"才"字的含义就是指才能和才干。《礼记·文王世子》中也有"凡语于郊者，必取贤敛才焉，或以德进，或以事举，或以言扬"一语，孔颖达疏曰：

> "必取贤敛才焉"者，谓在于西郊学之中，论说取贤，敛其才能者以爵之也。"或以德进"者，谓人能不同，各随才用也。德谓有道德者，进谓用爵之也。德最为上，故进之宜先也。"或以事举"者，事次德者，虽无德而解世事，或吏治之属，亦举用之也。"或以言扬"者，次事也。扬亦进、举之类，互言之，虽无德无事，而能言语应对，堪为使命，亦举用之。③

由此可见，将才理解为才能、才干是无可争议的。那么问题就在于汉魏之际士人对实的概念的理解。实是否能被视为与才相同。答案显然是不能。汉魏之际士人阶层对实的概念的论述数不胜数，其中以刘廙和徐幹的观点最具代表性。刘廙曰："行不美则名不得称，称必实所

---

① （魏）何晏注，（宋）邢昺疏《论语注疏》卷十三，北京大学出版社，1999，第170页。
② （宋）朱熹：《四书章句集注》，中华书局，2011，第142页。
③ （汉）郑玄注，（唐）孔颖达疏《礼记正义》卷二十，北京大学出版社，1999，第632～633页。

以然，效其所以成，故实无不称于名，名无不当与实也。"① 徐幹亦曰："实立而名从之，非名立而实从之也。"② 刘廙和徐幹所认为的实，就是指实际、实干的意思，与才的概念不甚相干，这说明汉魏之际士人阶层将才的概念与实的概念相等同是一种谬误。之所以形成这一谬误，就在于当时的士人将德的概念与名的概念混淆，从刘廙和徐幹的论述中能够清楚地看到，他们将名与实作为相互对立的概念而进行讨论，那么在德与才相互混淆的预设之中，对立的就成为德与实。再结合当时的历史背景来看，由于东汉末年的乱世中大部分士人难以做到德才兼备，曹操所鼓吹的"唯才是举"又将德与才作为一对相互对立的概念，曹操一方作为"袁曹之争"的最终胜利者，其中大部分能够建功立业的士人是颇具才能的实干家，士人阶层就无意识地将与德对立的才同实混为一谈。才的概念与德的概念相类似，兼具名与实的两个层次的含义。士人以才干而闻名，是谓"才名"；士人具体的才干，是谓"才实"。与"德名"和"德实"的关系相同，"才名"和"才实"二者也是相互关联、不可分割的。在逻辑上，士人阶层中同样存在空有高才贤能的名声、在实际工作中毫无能力的士人，只不过在当时的社会历史背景之下，这样的士人或由于自身的既无才又无德而不被选用，或由于其所享有的才名被其所享有的德名盖过，最终以高德著称。这两种偶然性因素，使空有才名的士人未能见于世，故而当时的士人片面地将才等同于实，才与实的概念就相互混淆了。

三　"才性之辩"的内涵转变：从德才之辩到名实之辩

在反思了汉魏之际士人德才观嬗变的历史进程，解释了当时士人

---

① 刘余莉主编《群书治要译注》卷四十七，中国书店，2012，第3887页。
② 孙启治解诂《中论解诂》，中华书局，2014，第205页。

阶层普遍将德与名、才与实相互混淆的情况，阐明了在汉魏之际德与才在士人的伦理道德层面上所具有的真实含义之后，另一个必须讨论的问题就是"才性之辩"中德与才的问题。汉魏之际上承两汉、下启魏晋，在中国伦理思想的发展历程中是具有转折意义的阶段，"才性之辩"的问题是这个时代的核心论题之一。从中国伦理思想史的角度上看，汉魏之际的"才性之辩"成为由汉代以经学为内容的伦理思想向魏晋以玄学为内容的伦理思想过渡的一个中间环节。在汉魏之际士人德才观嬗变的进程中，士人阶层将德与名、才与实混淆，这两种谬误对当时"才性之辩"的影响可以说是至关重要的。在汉魏之际，"才德之辩"的思想内核究竟是德才之辩还是名实之辩，这一问题的答案对理解"才性之辩"的本质及其日后的发展有重要的意义。

　　"才性之辩"的问题古已有之，在东汉中后期，对这一问题的讨论才真正得以深入。王充在其《论衡》中开启了对"才性之辩"的讨论。王充在《论衡·命禄篇》中提出了"故夫临事知愚，操行清浊，性与才也……世俗见人节行高，则曰：'贤哲如此，何不贵？'见人谋虑深，则曰：'辩慧如此，何不富？'"①的论辩。同时，王充在《论衡·率性篇》中讨论人性之善恶时，又提出了"实者，人性有善有恶，犹人才有高有下也，高不可下，下不可高。谓性无善恶，是谓人才无高下也。秉性受命，同一实也"②的观点。从王充的论述中能够看出，王充首次将"性"与"才"并立，作为一组相对的概念提出。并且，王充以"节行高"之"贤哲"定义"性"，以"谋虑深"之"辩慧"定义"才"。此外，王充提出的人"性"之有善恶也与"才"之有高下相对，也使"才性之辩"进一步深入到了伦理道德领域。考察王充提出的"才性之辩"论题及其论证，可以发现王充对

---

① 黄晖：《论衡校释》卷一，中华书局，1990，第20～21页。
② 黄晖：《论衡校释》卷三，中华书局，1990，第142页。

"才性之辩"的定义是比较清楚明白的，才就是指才能、才干，性就是指道德品性，"才性之辩"在东汉时期，在一定程度上就是德才之辩。到了汉魏之际，正是士人将德与名、才与实在概念上相互混淆，使"才性之辩"随着汉魏之际士人德才观嬗变的过程从原先的德才之辩演变成了名实之辩。比如王符的"名理者必校于实"，桓范的"听声用名"与"察实审能"，刘廙的名实相称相当的思想，阮瑀与应场的《文质论》以及荀悦、仲长统、崔寔在各自著作中所提出的德治和法治问题，他们或是将"才性之辩"理解为名实之辩，或是对"才性之辩"做出带有名实之辩色彩的解释。徐幹虽然在《中论》的《智行》篇中讨论了"明哲穷理"与"志行纯笃"的辩证关系，将"才性之辩"看作德才之辩。但是，在《考伪》篇中他又论述了先立实而后名从之的思想，依旧摆脱不了将"才性之辩"视为名实之辩的桎梏。与之相反，曹操对"才性之辩"的认识相对清醒，其在《论吏士行能令》中主张的"治平尚德行，有事赏功能"的思想，在《求贤令》中提出的"唯才是举"的观点，在《敕有司取士毋废偏短令》中对士人的德与才关系的讨论，以及最后在《举贤勿拘品行令》中显露的极端的德才观的价值取向，都是将"才"视为才能，将"性"视为德性。遗憾的是，曹操的"求贤令"对汉魏之际士人德才观嬗变的影响固然甚大，在士族阶层普遍将"才性之辩"理解为名实之辩的大背景之下，也只能被士人们默认为同类。后世的学者大多也继承了这类观点，将曹操"求贤令"关于"才性之辩"的内容视为名实之争的内容，将曹操作为汉魏之际法家重"刑名法术"的代表。这类观点是不够全面的。

随着曹操"求贤令"的颁布与士人德才观的嬗变，"才性之辩"从德才之辩演变为名实之辩，对汉魏之际的思想变革而言有重大意义。王充率先提出"才性之辩"的论题，并将"才性之辩"作为单纯的德才之辩的问题进行讨论，此时"才性之辩"的内核无非是争论在政治实践和社会实践中士人应当注重德还是注重才，这是在伦理道德层面研究"才性论"。到了汉魏之际，士人阶层普遍地将德与名、才与实混淆，却使"才德之辩"的本质从德才之辩转向了名实之辩。与德才之辩相比，名实之辩更多地将德与才这一伦理学问题与本体论和认识论相结合。在这一思想倾向的影响下，已然出现将德才之辩提升到本体论和认识论的言说。譬如刘劭在《人物志·九征》中即曰：

> 盖人物之本，出乎情性。情性之理，甚微而玄，非圣人之察，其孰能究之哉！凡有血气者，莫不含元一以为质，禀阴阳以立性，体五行而著形。苟有形，质犹可即而求之。凡人之质量，中和最贵矣。中和之质必平淡无味，故能调成五材，变化应节。是故观人察质，必先察其平淡，而后求其聪明。聪明者，阴阳之精。阴阳清和，则中睿外明。圣人淳耀，能兼二美，知微知章。自非圣人，莫能两遂。故明白之士，达动之机，而暗于玄虑。玄虑之人，识静之原，而困于速捷。犹火日外照，不能内见；金水内映，不能外光。二者之义，盖阴阳之别也。若量其材质，稽诸五物。五物之征，亦各著于厥体矣。其在体也，木骨，金筋，火气，土肌，水血，五物之象也。五物之实，各有所济。是故骨植而柔者，谓之弘毅；弘毅也者，仁之质也。气清而朗者，谓之文理；文理也者，礼之本也。体端而实者，谓之贞固；贞固也者，信之基也。筋劲而精者，谓之勇敢；勇敢也者，义之决也。色平而畅者，谓之通微；通微也者，智之原也。五质恒性，故谓之五常矣。①

刘劭将人的才性与品质与"元一"、"阴阳"以及"五行"等范畴相互关联，并且构建出一套以"中和"为"元一"之"质"，以"聪明"为"阴阳"之"精"，再以人体之骨骼、筋脉、气息、肌肉、血

---

① 伏俊琏译注《人物志译注》，上海古籍出版社，2008，第 12 ~ 16 页。

液等"五物"对照"五行"，再对应仁、义、礼、智、信之"五常"的学说，完整地构建出了人物才性与品质的形成及其演化序列。可以看出，此时的"才性之辩"已经涉及道德本源问题以及元伦理的领域。当然，也正因为这种转变，士人对"才性论"的讨论具有了形而上学的色彩，促进了魏晋时期玄学的产生与发展。总而言之，由于东汉末年的复杂的社会背景与思想变迁，士人对德和才概念的理解普遍发生了谬误，将德和才分别与名和实相互混淆，这一混淆也影响了汉魏之际"才性之辩"的内涵。对德和才在概念上的正确阐释，以及对"才性之辩"中由于德与才在概念上变化而产生的变化内容做出分析，其伦理意蕴就在于帮助我们正确地看待汉魏之际的伦理道德思想，更合理地理解德与才的真实含义。

第二节　德与才关系的辨析

一　德与才的同一性辨析

在对德与才的概念进行阐释之后，另一个值得探讨的问题就是德与才的关系问题。曹操在《敕有司取士毋废偏短令》中，以一种"非德"的思想倾向认为"士有偏短"。尽管在主观意愿上，是由于急需大量人才用以安定动荡的社会，而德才兼备之士又难以寻得，曹操才提出这种观点作为权宜之计。《敕有司取士毋废偏短令》在客观上的确鼓吹了德与才不能同一，以及才的地位优先于德这两种观念。这里以曹操在《敕有司取士毋废偏短令》中提出的关于德才关系的两种思想为基本论点，首先对德与才的同一性问题做辨析。德与才的同一性问题，主要有两个层面的含义。第一个层面是概念层面，德的概念是否在原始的意义上就包含了才的概念；第二个层面是现实层面，德与才作为两种特性和品质，是否能够在作为个体的士人身上得以兼具。

关于第二个层面的问题，涉及的是士人的德才兼备问题，这一点是属于德与才实践的问题，故而在此暂不做探讨。这里需要着重讨论的就是第一个层面的问题，即德与才在概念上是否也具有同一的可能性。在德的概念中，除了原本的道德、美德、德性等意思之外，还隐含了对事物的功能的定义，这与才的才能和才干的意思有相近之处。章太炎先生在讨论汉语语言缘起的论证中，就提出了可以以事物之德来表达事物的功能的论断。其在《语言缘起说》中论述曰：

> 语言者，不冯虚起。呼马而马，呼牛而牛，此必非恣意称也，诸言语皆有根。先征之有形之物，则可睹矣。……何以言马？马者，武也。何以言牛？牛者，事也。何以言羊？羊者，祥也。何以言狗？狗者，叩也。何以言人？人者，仁也。何以言鬼？鬼者，归也。何以言神？神者，引出万物者也。何以言祇？祇者，提出万物者也。此皆以德为表者也。……以德为表者，则万物大抵皆是。乃至天之言颠，地质言底，山之言宣，水之言准，火之言毁，土之言吐，金之言禁，风之言氾，有形者大抵皆尔。以印度胜论之说仪之，实、德、业三，各不相离。人云、马云，是其实也；仁云、武云，是其德也；金云、火云，是其实也；禁云、毁云，是其业也。一实之名，必与其德若，与其业相丽。故物名必有由起。[①]

章太炎先生枚举了马、牛、羊、狗、人、鬼、神、祇等物名，以及与之相对应的武、事、祥、叩、仁、归、引出万物者、提出万物者等意义。在中国的语言缘起中，这些词语的产生皆需要考虑对事物的命名有实、德、业三个方面的因素。其中，"实"指事物之本体，如马、牛、羊、狗、人等，而诸如武、事、祥、叩、仁等词语则属于德与业，

---

①　章太炎：《国故论衡》，陈平原导读，上海古籍出版社，2008，第31页。

即功能，是以上对应实物之名的由来。因而，在中国语言的诞生之初，以德表达事物之功能特性，从而创生词语，表明了在汉语的语言环境之中，德确实有功能的含义，可以说在中国早期的概念之中，德和才的含义在一定程度上是可以视为有相同指向的。随着历史的发展，德与才的关系最晚在春秋战国时代开始分离，德专指道德、德行，才专指才能、功能。比如在《论语·先进》中孔子评述其几位弟子曰："德行：颜渊、闵子骞、冉伯牛、仲弓。言语：宰我、子贡。政事：冉有、季路。文学：子游、子夏。"① 孔子以"德行""言语""政事""文学"四个方面的品质将这些弟子区分开来。"德行"就是单纯的道德方面的品质，"言语"、"政事"和"文学"则是归属于才能的范畴。② 到了战国时期，荀子又更近一步。《荀子·王制》曰："无德不贵，无能不官，无功不赏，无罪不罚，朝无幸位，民无幸生，尚贤使能而等位不遗。"清儒王先谦解释曰："不遗，言各当其材。等位，等级之位也。"③ 这种说法也将道德和才能二者相互区分开来。法家思想的集大成者韩非亦复如是。《韩非子·五蠹》曰："上古竞于道德，中世逐与智谋，当今争于气力。"④ 韩非所提及的"德"也专指道德，"智谋"和"气力"则是才能的问题。由此可见，在语言诞生之初，德与才二者联系紧密，甚至于在一定程度上享有相同的指向。随着社

① （魏）何晏注，（宋）邢昺疏《论语注疏》卷十三，北京大学出版社，1999，第143页。
② 邢昺曰："此章因前章言弟子失所，不及仕进，遂举弟子之中，才德尤高可仕进之人。郑氏以合前章，皇氏别为一章。言若任用德行，则有颜渊、闵子骞、冉伯牛、仲弓四人。若用其言语辨说，以为行人，使适四方，则有宰我、子贡二人。若治理政事，决断不疑，则有冉有、季路二人。若文章博学，则有子游、子夏二人也。然夫子门徒三千，达者七十有二，而此四科唯举十人者，但言其翘楚者耳。或时在陈言之，唯举从者。其不从者，虽有才德，亦言不及也。"从邢昺的疏文即可看出，孔子已经将德行与才能的概念进行了初步的分离。见（魏）何晏注，（宋）邢昺疏《论语注疏》卷十一，北京大学出版社，1999，第143页。
③ （清）王先谦：《荀子集解》卷九，沈啸寰、王星贤点校，中华书局，1988，第159页。
④ （清）王先慎：《韩非子集解》卷十九，钟哲点校，中华书局，1998，第445页。

会历史的发展，德和才的关系才从概念上逐渐区分开来。

　　值得注意的是，曹操在《敕有司取士毋废偏短令》中将德才关系分裂，与先秦时期开始的德才关系分离又有本质上的区别。一方面，在先秦时期，不论是儒家还是法家，德和才关系的分离只是在概念上的区分，即德与才各有所特指。德和才虽然成为两个相异的概念，但是并不相互对立和排斥。《敕有司取士毋废偏短令》则是在德和才这对概念的分离的基础上，提出德和才是有对立的可能性的，即"有行之士未必能进取，进取之士未必能有行"。另一方面，先秦时期的德与才，尽管二者相互分离，各守其界限，然而在作为个体的士人身上，是能够同一的。换言之，不论是如儒家的重德轻才，还是法家的重才轻德，甚至于道家的对德和才皆不刻意重视和追求，他们的观点都是基于德才兼备的逻辑前提。《敕有司取士毋废偏短令》则对德的作用表达了消极的态度，以"非德"的思想倾向度量德的作用，以德才未必能兼备作为逻辑前提。总而言之，德与才在本源上有同一性的因素，德和才在概念上具有同一的可能性。德与才的同一性，在现实层面，也能够在作为个体的士人身上得到同一，即为士人在政治生活中德才兼备的现实性提供了理论上的保障。

二　德与才的优先性辨析

　　在讨论了德与才的同一性问题之后，所需要讨论的第二个问题是德与才的优先性问题。与德与才的同一性问题相似，德与才的优先性问题在春秋战国时期就已经被讨论。也正是自春秋战国时期开始，关于德与才的优先性问题就有两种基本的主张。第一种是主张重德轻才的，主要以儒家思想为代表。孔子即是这类观点的首发者。《论语·宪问》曰："子曰：'骥不称其力，称其德也。'"何晏引郑玄注曰："德者，调良之谓。"又邢昺疏曰："此章疾时尚力取胜，而不重德。骥是古之善马名，人不称其任重致远之力，但称其调良之德也。马尚如是，人亦宜然。"① 孔子的这段话已然表明其重德轻才的思想倾向，而儒家所提倡的"德政"和"仁政"无不是建立在重德轻才的思想基础之上的。第二种是主张重才轻德的，主要以法家思想为代表。譬如韩非，即反对君王任用有道德的贤才。其在《韩非子·二柄》中论曰："人主好贤，则群臣饰行以要君欲，则是群臣之情不效；群臣之情不效，则人主无以异其臣矣。"② 韩非认为君主推崇道德，必然会导致臣子曲意逢迎，这对国家和社会来说都是有害的。此外，也存在以老、庄为代表的道家思想，主张如《庄子·山木》所言之"将处乎材与不材之间"③ 这种德才皆不重视的观点，由于其否定了德和才，也就不存在德才的优先性的问题，故而不赘述。到了汉武帝之后，儒家思想成为官方正统思想，儒家重德轻才的思想也成为主流。董仲舒为汉代士人阶层重德轻才的思想定下了基调。董仲舒在《春秋繁露·必仁且智》中提出："不仁而有勇力材能，则狂而操利兵也；不智而辩慧狷给，则迷而乘良马也。故不仁不智而有材能，将以其材能以辅其邪狂之心，而赞其僻违之行，适足以大其非而甚其恶耳。"④ 在董仲舒看来，必须要将仁与智这些德行作为人行事的根本。没有仁的德性却有勇力之才能，则无异于狂人操持锋利的兵器；没有智的德性却能言善辩、十分聪慧，则无异于迷路的人驾驭良马。人如果既不仁也不智却才能出众，那么这些才能对其本人来说也没有益处，只会放大其错误、加重其恶行。汉代士人之中，也有许多人明确表达类似的重德轻才思想，比如翟方进，《汉书·翟方进传》载其论曰："不仁之人，亡所施用；不仁而多材，国之患也。"⑤ 事实上，也正是自汉代开始，整

---

① （魏）何晏注，（宋）邢昺疏《论语注疏》卷十四，北京大学出版社，1999，第198页。

② （清）王先慎：《韩非子集解》卷二，钟哲点校，中华书局，1998，第41页。

③ （清）郭庆藩：《庄子集释》，王孝鱼点校，中华书局，2006，第666页。

④ （清）苏舆：《春秋繁露义证》卷八，钟哲点校，中华书局，1992，第257页。

⑤ 《汉书》卷八十四，中华书局，1962，第3420页。

个中国文化都是以重德为主流的，即德为本、才为末。尽管在东汉末年，在思想上随着儒家伦理衰弱，道教和佛教伦理的传播以及法家思想重新回到士人阶层的视野中来，使重德轻才的德才关系受到动摇，在曹操颁布《敕有司取士毋废偏短令》之后，德与才的地位发生了倒置，重才轻德成为当时士人阶层中主流的德才观。但是，曹操的"求贤令"同样未逾越传统儒家重德的框架。在《论吏士行能令》中，曹操提出"治平尚德行，有事赏功能"，宣扬了士人德行的重要性；在《求贤令》中，曹操提出"唯才是举"，弱化了廉德，对于仁与孝等根本的德性却依然不敢有所触碰；在《敕有司取士毋废偏短令》和《举贤勿拘品行令》中，曹操提倡重才轻德，甚至提出要选用"不仁不孝而有治国用兵之术"的士人，在这一观点之下，曹操依然想要寻求"至德"之人。由此可见，汉魏之际士人德才观的嬗变，乃是在非常时期所采取的非常举措，如果用儒家的"经权"概念来表述，这就是一种"权"的思想。《公羊传·桓公十一年》曰："权者何？权者反于经，然后有善者也。"① 在中国古代的德与才的优先性问题中，德本才末的思想是"经"。在汉魏之际，曹操"求贤令"所提出的重才轻德思想是"权"，这既是对当时僵化、虚伪、故步自封的重德轻才思想的批判，也是中国伦理道德思想发展所必然经历的自我否定阶段。②

　　曹操"求贤令"的重才轻德思想逐渐走向极端，司马氏为了篡

---

① （汉）公羊寿传，（汉）何休解诂，（唐）徐彦疏《春秋公羊传注疏》卷五，北京大学出版社，1999，第 98 页。

② 经与权的问题是中国伦理思想史上的重大问题，而汉代关于权的理解几乎沿袭公羊学的理论，相关文章可参见陈徽《先秦儒家经权说及公羊家对它的思想推进》，《哲学分析》2020 年第 4 期；陈岘《"原心定罪"与"功过相抵"——试论儒家判定"经权"关系的两个道德原则》，《道德与文明》2016 年第 3 期；吴震《从儒家经权观的演变看孔子"未可与权"说的意义》，《学术月刊》2016 年第 2 期。此外，亦有学者将曹操的行权理解为与权谋、权术相结合的机诈之举，参见刘增光《汉宋经权观比较析论——兼谈朱陈之辩》，《孔子研究》2011 年第 3 期，第 88 页。

权，继承了"求贤令"中的极端思想，重才轻德这一原本作为对儒家重德轻才思想之否定的思想，在西晋也迈向了僵化。后人对这一时期的批判和反思，又成为否定之否定，在德与才的优先性问题上，又回归到了德本才末的立场上来。不同的是，后世的德本才末思想是基于德才兼具的逻辑基础之上的。尤其是在宋明时期，德本才末的思想尤为明显。比如司马光在《资治通鉴》中讨论智伯之亡时，即对德才关系做了较为系统的论述，明确提出德本才末的思想。《资治通鉴·周纪一》曰：

> 臣光曰：智伯之亡也，才胜德也。夫才与德异，而世俗莫之能辨，通谓之贤，此其所以失人也。夫聪察强毅之谓才，正直中和之谓德。才者，德之资也；德者，才之帅也。云梦之竹，天下之劲也，然而不矫揉，不羽括，则不能以入坚；棠溪之金，天下之利也，然而不镕范，不砥砺，则不能以击强。是故才德全尽谓之"圣人"，才德兼亡谓之"愚人"，德胜才谓之"君子"，才胜德谓之"小人"。凡取人之术，苟不得圣人、君子而与之，与其得小人，不若得愚人。何则？君子挟才以为善，小人挟才以为恶。挟才以为善者，善无不至矣；挟才以为恶者，恶亦无不至矣。愚者虽欲为不善，智不能周，力不能胜，譬如乳狗搏人，人得而制之。小人智足以遂其奸，勇足以决其暴，是虎而翼者也，其为害岂不多哉！夫德者人之所严，而才者人之所爱。爱者易亲，严者易疏，是以察者多蔽于才而遗于德。自古昔以来，国之乱臣，家之败子，才有余而德不足，以至于颠覆者多矣，岂特智伯哉！故为国为家者苟能审于才德之分而知所先后，又何失人之足患哉！①

在德与才的优先性问题上，宋明以来的思想家皆遵从司马光的思

路。譬如程颐认为："技艺不能，安足耻？为士者当知道；己不知道，可耻也。"① 士人不应以自己身无才干为羞耻，应当以自身不知德为羞耻，甚至认为"君子不欲才过德，不欲名过实，不欲文过质"，② 可见其德才观。又比如王阳明，其在《答顾东桥书》中认为在士人个人的培养和发展中，如果没有良好的德行作为指导，单纯追求知识才能的培育，会造成"记诵之广，适以长其敖；知识之多，适以行其恶；见闻之博，适以肆其辩；辞章之富，适以饰其伪"③ 的情况，这与汉代以董仲舒为代表的士人所提出的观点不谋而合。总而言之，在德与才的优先性问题上，以儒家为代表的重德轻才、德本才末的思想占主要的地位，是一般的、普遍的；以曹操"求贤令"和汉魏之际士人德才观的嬗变为脉络的重才轻德、唯才是举的德才观是特例，是个别的、特殊的。以德为本，以才为末；重德为经，重才为权乃是中国伦理思想的传统。

三　政治视域中的德才关系：德性与政治功能

在论证了德与才关系的同一性和优先性之后，还存在一个需要再深入讨论的问题，即在政治的视域中，德性与政治功能的关系。曹操的"求贤令"无疑是在一定的政治环境中为了达到某种政治诉求而产生的，那么对"求贤令"所体现的德与才关系的观点的辨析，就不能只停留于对德与才的普遍意义上的同一性和优先性的讨论，还需要在政治的视域中对德与才的关系做理论上的辨析。在前文对德与才关系的普遍意义上的讨论之后，得出了两个结论，即在德与才的同一性问

---

① （宋）程颢、程颐：《二程遗书》十八，潘富恩导读，上海古籍出版社，2000，第237～238页。

② （宋）程颢、程颐：《二程遗书》二五，潘富恩导读，上海古籍出版社，2000，第377页。

③ 《王阳明全集》卷二，吴光、钱明、董平、姚延福编校，上海古籍出版社，2018，第63页。

题上，德与才具有在概念层面得以同一的可能性；在德与才的优先性问题上，中国传统伦理思想发展的总趋势是德本才末、重德为经、重才为权。那么，当把德与才的关系置于政治这一特殊性的视域之中，这两个结论是否依然能够成立呢？在政治的视域中，德又等同于从事政治活动的官员的德性，才又等同于从事政治活动的官员的政治功能。换言之，这就产生了两个问题，即具体的德性是否存在与其相匹配的政治功能，具体的德性是否在逻辑上先于与其相匹配的政治功能。

关于政治视域中的德性与政治功能的关系的这两个问题，在先秦时期已有相关的论述。在《逸周书》的《武顺解》与《文政解》二篇中，提到了德性与政治功能相匹配的内容。在《武顺解》中，中国古人就认为："辟必明，卿必仁，正必智，右必和，佐必敬，伯必勤，卒必力。辟不明，无以虑官；卿不仁，无以集众；伯不勤，无以行令；卒不力，无以承训。"[1] 同时，中国古人又在《文政解》中提出"九守"的概念。所谓"九守"即"一、仁守以均，二、智守以等，三、固守以兴，四、信守维假，五、城沟守立，六、廉守以名，七、戒守以信，八、竞守以备，九、国守以谋"。[2]《武顺解》提到了不同的官职由于其政治的职能不同，要求在职的官员需要具备不同的德性。辟、卿、正、右、佐、伯、卒都是古代的官职名称，明、仁、智、和、敬、勤、力都是担任上述官职所需要具备的德性，每一种官职都有相应的德性与之匹配。从《武顺解》的这段文字中可以看出，早在先秦时期，中国古人已经认为在政治生活之中，德性与政治功能是相互匹配的，且不同的官职由于其政治职能的不同，需要不同的德性与之相匹配。在《文政解》中，中国古人列出了"九守"，说明了具体的德性

---

① 黄怀信、张懋镕、田旭东：《逸周书汇校集注》卷三，上海古籍出版社，1995，第333～334页。

② 黄怀信、张懋镕、田旭东：《逸周书汇校集注》卷四，上海古籍出版社，1995，第407～409页。

在逻辑上是先于与其相匹配的政治功能的。在政治活动中，相关的官员履行其职位体现均、等、兴等政治功能，就必须要凭借仁、智、固等德性，只有凭借这些德性，才能实现职位本身所要求的政治功能。这说明在中国古代的政治理念中，德性与政治功能相关联的思想具备相当的理论渊源，曹操的"求贤令"就体现了这一理论传统。曹操在《举贤勿拘品行令》中强调"果勇不顾，临敌力战"者可为将，"文俗之吏，高才异质"者可为守。将领需要具备果敢、勇猛这样的德性，如此才能实现指挥作战、冲锋陷阵的政治功能；太守需要智慧、文雅这样的德性，如此才能实现管理社会、服务乡里的政治功能。在政治视域中，德与才具有能够同一的可能性以及德为本、才为末这两个结论依然是能够成立的。德性存在与其相匹配的政治功能，在逻辑上先于与其相匹配的政治功能。

值得一提的是，中国伦理思想的这一内容与古希腊时期对于德性的定义有颇多相似之处。亚里士多德将德性定义为品质，他在《尼各马可伦理学》中谈到德性，认为"可以这样说，每种德性都既使得它是其德性的那事物的状态好，又使得那事物的活动完成得好"。[1] 比如，眼睛的德性就是眼睛状态好，且能够清楚地看清事物；马的德性就是马的状态好，跑得足够快，使乘马之人稳，能够向敌人发起冲击。亚里士多德将这个逻辑类推到人的身上，他认为"人的德性就是既使得一个人好又使得他出色地完成他的活动的品质"。[2] 如果与中国古代对于德性的定义做对比，可以看到亚里士多德对德性的定义也是将德性与功能相互关联起来。要注意的是，在古希腊，德性往往是指城邦中的公民作为一个个体，对城邦履行相应的职责时所需的品质。古希腊的公民参与城邦的政治活动，具有一定政治地位，亚里士多德所

---

① 〔古希腊〕亚里士多德：《尼各马可伦理学》，廖申白译注，商务印书馆，2003，第45页。
② 〔古希腊〕亚里士多德：《尼各马可伦理学》，廖申白译注，商务印书馆，2003，第45页。

认为的德性是能够使人更好地完成他的活动的品质，这一活动就是公民所履行的政治功能。中国对德性的定义，最初是讨论士人阶层应当具有何种品质的。在中国古代，个体的人只有进入士人阶层才有资格参与国家的政治生活，这与古希腊只允许公民参与城邦政治生活类似。由此可见，中国古代伦理思想中士人的德性与古希腊的德性在本源上都是在政治的视域中进行讨论和定义的，都具有政治性，都是对从事政治生活的人的品质和品格提出要求。总而言之，关于德与才的关系问题，在思想与理论层面，是无法超出政治视域的。在普遍意义的德与才同一性问题上，德与才在概念层面具有同一的可能性；在普遍意义的德与才优先性问题上，德应为本，才应为末。政治视域虽然是具有特殊意义的领域，但是德与才的关系离不开政治视域的范畴，并且最终也必须回到政治视域中加以讨论。政治视域中德与才的关系，也就是士人个体的德性与其政治地位所应当完成的政治功能相匹配，即所谓"在其位者谋其政"。士人个体所具有的德性，是其能够更好地实现自身政治功能的根本保障。

第三节　德与才实践的矫正

一　君子人格的培育养成：弘扬仁与孝

在曹魏立国伊始的二十年间，当时的统治者与士人阶层曾对"求贤令"中的极端德才观进行矫正。建安二十五年（220）正月曹操去世，曹丕继位为魏王。同年十月，汉献帝将皇位禅让与曹丕。曹丕登基，是为魏文帝，东汉至此正式宣告灭亡。曹丕与曹叡为了笼络士人，尤其是当时的世家大族出身的士人，改变了曹操的用人思想和取士政策，试图缓和"求贤令"的极端思想，纠正汉魏之际的德才观。曹丕与曹叡在当时力主恢复士人阶层中德性地位的士人的帮助下，开始对

"求贤令"的思想与汉魏之际士人德才观嬗变的过程展开讨论，并采取一系列措施纠正士风。在"求贤令"颁布时期，就有一些人对"求贤令"以及士人德才观的改变提出异议。比如何夔，他曾向曹操上书提出异议。《三国志·魏书·何夔传》载夔言曰：

> 自军兴以来，制度草创，用人未详其本，是以各引其类，时忘道德。夔闻以贤制爵，则民慎德；以庸制禄，则民兴功。以为自今所用，必先核之乡间，使长幼顺叙，无相逾越。显忠直之赏，明公实之报，则贤不肖之分，居然别矣。又可修保举故不以实之令，使有司别受其负。在朝之臣，时受教与曹并选者，各任其责。上以观朝臣之节，下以塞争竞之源，以督群下，以率万民，如是则天下幸甚。①

何夔明确提出"求贤令"的唯才是举、重才轻德的观念给当时士人的德才观造成极为消极的影响，遗憾的是何夔的意见虽然被曹操称善，但是在当时却没有受到重视。曹操晚年不可能不注意到"求贤令"中极端思想的弊端，只不过急需人才，且自身年事已高，故而暂且搁置。

曹丕正式代汉自立之后，也深刻意识到了"求贤令"的弊病，在继位之初便开始纠正德才观与士风。曹丕颁布《取士勿限年诏》即表明此意。《三国志·魏书·文帝纪》载其诏曰：

> 今之计、孝，古之贡士也；十室之邑，必有忠信，若限年然后取士，是吕尚、周晋不显于前世也。其令郡国所选，勿拘老幼；儒通经术，吏达文法，到皆试用。有司纠故不以实者。②

从曹丕颁布的《取士勿限年诏》中可以看出，尽管这份诏书的主要目

---

① 《三国志》卷十二，中华书局，1982，第381页。
② 《三国志》卷二，中华书局，1982，第79页。

的是取消士人入仕的年龄限制。然而其中"今之计、孝，古之贡士也"，"十室之邑，必有忠信"，以及"儒通经术，吏达文法，到皆试用"等思想，无一不是重视士人的道德德性的条文。曹操的三道"求贤令"瓦解了士人的廉德，质疑了士人的忠德，并没有否定仁德与孝德，曹丕正是从仁与孝着手，对汉魏之际极端的德才观进行纠正。曹丕在与应场的辩论中就十分注重仁与孝，其在《意林》中论曰："在亲曰孝，施物曰仁。仁者，有事之实名，非无事之虚称。善者，道之母；群，行之主。"①曹丕认为侍奉父母就是孝，布施于人就是仁。所谓的仁，是一种具体的实践，不是虚无的名声。良善是道德的母体，友善是行为的主干。

在曹丕的倡导之下，当时许多士人也纷纷响应号召，魏国初期的士人道德风气总体来说较为良好。以何晏为代表的士人阶层中的思想家就是在思想层面上矫正德性和德行的代表。何晏十分重视德性与德行，《论语·子罕》"岁寒，然后知松柏之后凋也"章何注曰："大寒之岁，众木皆死，然后知松柏小凋伤；平岁则众木亦有不死者，故须岁寒而后别之。喻凡人处治世亦能自修整，与君子同；在浊世，然后知君子之正不苟容。"邢昺疏曰："此章喻君子也。大寒之岁，众木皆死，然后知松柏小凋伤；若平岁，则众木亦有不死者，故须岁寒而后别之。喻凡人处治世亦能自修整，与君子同；在浊世，然后知君子之正不苟容也。"②何晏认为孔子此语是用松柏做比喻，喻指凡人在治世之中自能自安其身，与君子同；在污浊之世，方能知君子之自身清正，不苟容于世。从何晏的论述中，可以看出当时的士人阶层德才观的倾向。在对士人阶层德才观的理论层面矫正的过程中，当时的士人首先宣扬仁德的思想。又比如何晏在解释《论语·子罕》中"子罕言利与

---

① 易健贤译注《魏文帝集全译》，贵州人民出版社，2009，第439~440页。
② （魏）何晏注，（宋）邢昺疏《论语注疏》卷九，北京大学出版社，1999，第122页。

命与仁"一语时，提出"罕者，希也。利者，义之和也。命者，天之命也。仁者，行之盛也。寡能及之，故希言也"的观点。邢昺疏何晏之注曰："云'仁者，行之盛也'者，仁者爱人以及物，是善行之中最盛者也。以此三者，中知以下寡能及知，故孔子希言也。"① 何晏将仁的地位提到最高，认为仁德是人德行的最高峰。由于仁是最高的德行，能够真正做到仁的人少之又少，孔子才对仁"言希"，可见当时的士人阶层对仁德的重视程度。

在曹丕对"求贤令"和汉魏之际士人德才观的纠正之中，孝德也是被重点提倡的，最为典型的例子就是王祥。《晋书·王祥传》曰：

> 王祥，字休徵，琅邪临沂人，汉谏议大夫吉之后也。祖仁，青州刺史。父融，公府辟不就。祥性至孝。早丧亲，继母朱氏不慈，数谮之，由是失爱于父。每使扫除牛下，祥愈恭谨。父母有疾，衣不解带，汤药必亲尝。母常欲生鱼，时天寒冰冻，祥解衣将剖冰求之，冰忽自解，双鲤跃出，持之而归。母又思黄雀炙，复有黄雀数十飞入其幕，复以供母。乡里惊叹，以为孝感所致焉。有丹柰结实，母命守之，每风雨，祥辄抱树而泣。其笃孝纯至如此。②

王祥幼时丧母，父亲续弦之后，后母对王祥并不好，时常无故责备他。然而王祥逆来顺受，父母生病也侍奉在床侧。有一次王祥母亲想吃活鱼，当时正值隆冬，天寒地冻，王祥光着身子俯卧于冰面之上，打算以自己的体温化开冰捕鱼，王祥因这一"卧冰求鲤"之举也被后世称作"孝圣"。但是，就是这样的至孝之人，在建安时期一直籍籍无名、不得重用。直到曹丕时期，王祥才因为至孝被选用，最后官居司空、太尉。

---

① （魏）何晏注，（宋）邢昺疏《论语注疏》卷九，北京大学出版社，1999，第111页。
② 《晋书》卷三十三，中华书局，1971，第987页。

不仅曹魏政府重视孝道的弘扬，当时士人阶层中的思想家也重视对孝德的弘扬。《论语·学而》"孝弟也者，其为仁之本与！"章何注曰："先能事父兄，然后仁道可大成。"邢昺疏曰："是故君子务修孝弟，以为道之基本。基本既立，而后道德生焉。"① 何晏的注解表明人必须具备侍奉父兄之孝德方能具备仁德，在一定程度上，孝德比仁德更为基础、更为根本。因此，从曹魏的统治者以及士人阶层的态度来看，孝德被重视的程度也可见一斑了。重视仁与孝，这是曹丕在掌权之后与部分士人共同对"求贤令"以及东汉末年士人阶层德才观在理论层面的矫正。王夫之评价这一时期的士人道德水平，就认为他们"虽未闻君子之道，而鲠直清严，不屑为招权纳贿、骄奢柔诏猥鄙之行，故纲纪粗立，垂及于篡，而女谒宵小不得流毒于朝廷，则其效也"。② 这说明，正是曹丕、曹叡以及当时的士人的矫正，才使曹魏初期士人阶层的道德风气得以中正平和，曹魏的政局也相对稳定。曹丕与曹叡统治时期在士人阶层中进行弘扬仁孝的实践，其目的也是想在士人阶层中重新倡导君子人格的培育和养成。就个人层面而言，仁与孝是中国儒家伦理思想中关于君子人格最为核心的两种德性。也只有当士人作为个体存在成为君子之人格，达成自我之修身，方可进一步将自身的德性拓展至国家与社会。

二　德才并举的取士制度：九品官人法

除了在人格培育、养成方面的矫正之外，曹丕和一些士人在取士制度方面也对曹操的"求贤令"的思想与汉魏之际士人德才观做出纠正，试图在取士制度方面缓和"求贤令"所导致的极端重才轻德思想。在曹操去世后，曹丕还未受禅之前，已经有一些士人提出了类似

---

① （魏）何晏注，（宋）邢昺疏《论语注疏》卷一，北京大学出版社，1999，第4页。

② （清）王夫之：《读通鉴论》卷十一，中华书局，1975，第350页。

的意见。刘廙在其《政论》中的《备政》一篇中就认为"夫为政者，莫善于清其吏也，故选托于由、夷，而又威之以笃罚，欲其贪之必惩，令之必从也"。① 刘廙认为君王的为政之道应当是重用许由和伯夷那样清正高洁的官员，然后再用严格的法律法规惩罚贪腐，违法必究。刘廙的这种思想显示出一些士人开始质疑"求贤令"中极端的德才观，意识到士人的道德德性的重要性。在曹丕正式受禅登基为帝之后，蒋济向曹丕进献对策，其中也提到道德教化的必要性。蒋济在《万机论》中提出："夫君王之治，必须贤佐然后为泰。故君称元首，臣为股肱，譬之一体相须而行也。是以陶唐钦明，羲氏平秩；有虞明目，元恺敷教。皆此君唱臣和，同亮天功，故能天成地平，咸熙于和穆，盛德之治也。"② 蒋济认为统治者治理国家，必须要依靠贤人辅佐方能国泰民安。君主如同人的头脑，臣子如同人的左膀右臂，君主和臣子应当是一个整体，二者相辅相成。蒋济以尧帝、舜帝两位上古明君为例，他们重用羲氏、"八元"和"八恺"这样的贤臣施行道德教化，所以才君臣和谐，国家安康，社会繁荣。

从蒋济的论述中可以看出，他认为统治者治理国家所依靠的贤人应当是羲氏、"八元"和"八恺"这样的有德之人，并且还应当推行道德教化，从而纠正士风。在这样的背景之下，九品官人法也就孕育而生。九品官人法最初是由陈群在曹丕登基不久之后提出来的。《三国志·魏书·陈群传》曰：

> 群转为侍中，领丞相东西曹掾。在朝无适无莫，雅杖名义，不以非道假人。文帝在东宫，深敬器焉，待以交友之礼，常叹曰："自吾有回，门人日以亲。"及即王位，封群昌武亭侯，徙为尚书。制九品官人之法，群所建也。及践阼，迁尚书仆射，加侍中，

---

① 刘余莉主编《群书治要译注》卷四十七，中国书店，2012，第3882页。
② 刘余莉主编《群书治要译注》卷四十七，中国书店，2012，第3905页。

徙尚书令，进爵颍乡侯。①

九品官人法在创立之初与"举孝廉"的取士方式十分相似，皆是由各州各郡所推选的官员对士人进行品评和考察，从而推荐士人入仕。为了纠正"求贤令"发展到最后"勿拘品行"的极端取士观念，九品官人法重新将士人的道德品行作为品评士人的重要标准。比如崔林，他议论刘劭《考课论》之时就强调考察士人的德行的重要性。《三国志·魏书·崔林传》曰：

> 案《周官》考课，其文备矣，自康王以下，遂以陵迟，此即考课之法存乎其人也。及汉之季，其失岂在乎佐吏之职不密哉？方今军旅，或猥或卒，备之以科条，申之以内外，增减无常，固难一矣。且万目不张举其纲，众毛不整振其领。皋陶仕虞，伊尹臣殷，不仁者远。五帝三王未必如一，而各以治乱。《易》曰："易简，而天下之理得矣。"太祖随宜设辟，以遗来今，不患不法古也。以为今之制度，不为疏阔，惟在守一勿失而已。若朝臣能任仲山甫之重，式是百辟，则孰敢不肃？②

崔林认为选取士人不必过于冗繁，如果当朝的大臣都推举仲山甫一样具有良好德行的士人，那么就能够肃正整个国家的政治风气。因此，九品官人法的纠正作用正是基于重新重视道德德性，以缓和"求贤令"极端的德才观对士人阶层德才观嬗变的影响。

九品官人法在制度上重视士人的德行，并不意味着九品官人法中所宣扬的德才观倒退回到东汉传统的"举孝廉"制度所宣扬的德才观，也不意味着曹操"求贤令"中所提出的"唯才是举"的思想观念被完全抛弃废置。曹魏时期的九品官人法所考察的项目主要有三个，

---

① 《三国志》卷二十二，中华书局，1982，第634～635页。
② 《三国志》卷二十四，中华书局，1982，第680～681页。

即德行、才能和家庭出身，其中对才能的重视，可以看出曹魏时期对士人品评标准的倾向。在陈群建议曹丕施行九品官人法之后，曹丕颁布《取士勿限年诏》之前的这段时间里，当时的士人阶层内部即对这个问题有过争论。有些士人建议要回到汉代的"举孝廉"制度，只考虑士人的德行，而司徒华歆力排众议，认为"今听孝廉不以经试，恐学业遂从此而废。若有秀异，可特征用"。①华歆所谓的"经试"不仅是经学的考试，还包含了策论内容，这在一定意义上也是考察士人的经国之才。随后，曹丕采纳华歆的意见，"经试"成为曹魏定制。魏舒就是以这种方式被推举的，《晋书·魏舒传》曰：

> （魏舒）年四十余，郡上计掾察孝廉。宗党以舒无学业，劝令不就，可以为高耳。舒曰："若试而不中，其负在我，安可虚窃不就之高以为己荣乎！"于是自课。百日习一经，因而对策升第。除涅池长，迁浚仪令，入为尚书郎。时欲沙汰郎官。非其才者罢之。舒曰："吾即其人也。"襆被而出。同僚素无清论者咸有愧色，谈者称之。②

魏舒的家族认为其没有学业，故而反对他参加当时的选举，认为可以此表现高洁。魏舒则不屑于通过如此手段博得高洁的虚名，而是发愤图强学习经典。最终，魏舒凭借其在测试中出色的治国策论得以出仕。九品官人法所提倡的德才观与曹操"治平尚德行，有事赏功能"的思想也不尽相同，前者提倡以德为先、德才兼备，后者主张德才地位相同，依不同政治环境而取舍。

总而言之，"求贤令"在建安末期宣扬过于极端的德才观，汉魏之际的士人在这一极端的思想中自我矫正，士人阶层中德才观的嬗变

---

① 《三国志》卷十三，中华书局，1982，第403页。
② 《晋书》卷四十一，中华书局，1971，第1186页。

在完成阶段呈现出中正平和的趋势。可惜的是，尽管曹魏在建国初期一方面弘扬仁与孝，另一方面又以实行九品官人法的取士方式来整肃士风，但是曹丕在位仅六年就去世，曹叡虽然继承了曹丕的用人方针，却也英年早逝。随后司马懿父子掌权，他们与"袁曹之争"之后的曹操一样怀有篡逆之心，故而又启用"求贤令"中趋于极端的德才观思想，曹魏前期对德才观与士风的纠正也宣告失败。九品官人法作为一种新型的用人取士制度，在两晋南北朝时期逐渐失去了原本的将德与才相互统一结合的作用，逐步僵化，成为世家大族所掌控的统治阶层的工具。

三　德才兼备士人的可能性与现实性

在实践领域，曹魏初期的统治者与士人阶层通过弘扬仁与孝之德行以及设立九品官人法的方式，对曹操"求贤令"所造成的士人极端重才轻德之德才观进行了一定程度的矫正。然而这一系列的矫正举措随着曹丕与曹叡去世，以及司马氏把持朝政而走向失败，"求贤令"的重才轻德之德才观也一直延续至西晋，造成了从事政治生活的士人道德败坏。在前文对德与才概念与德与才关系的讨论中，得出的结论是德与才在个体的士人身上具有逻辑上统一的可能性。那么在解决了德才兼备士人的可能性之后，德与才同一性问题的第二个层面，即德才兼备士人的现实性问题就成为亟待解决的问题。而要解决这个问题，就必须对曹魏初期纠正德才观与士风的举措进行审视。由于需要解决的问题是德才兼备士人的现实性问题，那么如果在历史的现实中能够找到相应的例证，现实性问题就能够得到解决。

首先需要讨论的问题是统治者与当时的士人阶层在君子人格的培育养成方面所倡导的社会风气，以及德才并举的取士制度所提供的制度保障，二者共同作用下所能够达到的最优的结果是否具有现实性。曹魏初期的纠正之举没有能够得以完成，故未能达到最优的结果，但是就其政治的稳定性来看，纵向相较于东汉、两晋的政治状况，横向相较于东吴和蜀汉的政治状况，都显示出了一定的优越性。相似地，在党锢之祸和黄巾起义之后的东汉中平至初平年间（184～193），就政治的稳定性而言，东汉王朝在大动乱的社会状况之下的表现可谓可圈可点。东汉在党锢之祸和黄巾起义之后，儒家伦理思想虽然出现了衰弱，然而就其德才观而言，一方面东汉政府在社会风气上依然是倡导士人之"尚名节"的风尚，在选举制度上依旧是施行"举孝廉"的方式，士人德才观中德的地位依然是较高的。另一方面，也正是在党锢之祸和黄巾起义之后，士人阶层在经历一系列磨难后也转而重视以自己的才能或保全自身，或挽救乱世，士人德才观中才的地位开始提高。在这两个方面的共同作用之下，当时的士人阶层中存在许多德才兼备的士人。范晔在《后汉书·儒林列传下》论曰：

> 自桓、灵之间，君道秕僻，朝纲日陵，国隙屡启，自中智以下，靡不审其崩离；而权强之臣，息其窥盗之谋，豪俊之夫，屈于鄙生之议者，人诵先王言也，下畏逆顺势也。至如张温、皇甫嵩之徒，功定天下之半，声驰四海之表，俯仰顾眄，则天业可移，犹鞠躬昏主之下，狼狈折札之命，散成兵，就绳约，而无悔心。暨乎剥桡自极，人神数尽，然后群英乘其运，世德终其祚。迹衰敝之所由致，而能多历年所者，斯岂非学之效乎？①

范晔对东汉桓帝与灵帝时期的社会状况做出总结，认为在当时的情况下哪怕是才学和见识皆平平无奇的人都能够看出东汉王朝已经行将就木。然而，东汉王朝竟在此之后延续了近半个世纪，这与当时东汉王朝倡导培育养成士人君子人格的社会风气以及重视士人道德的取士制度密切相关。在内有党锢之祸的摧残，外有黄巾起义的冲击这样最为严酷的环境之下，东汉王朝却得以延续日久，可以说是在最坏的条件下所能产

---

① 《后汉书》卷七十九下，中华书局，1965，第2589～2590页。

生的最优的结果。这也就意味着，在实践中，统治者与当时的士人阶层在君子人格的培育养成方面所倡导的社会风气以及德才并举的取士制度所提供的制度保障，二者共同作用下所能够形成的最优结果是具有现实性的。

在对社会风气与取士制度共同作用下所能达成的最优结果的现实性进行讨论之后，就进入了问题的核心，即在社会风气与取士制度共同作用下所形成的最优稳定性的政治环境之中，德才兼备的士人是否也具有现实性。由于曹魏初期的纠正之举中道即没，曹魏对德才兼备的士人的培养未能达到最广泛、最深入的境地。但是诸如陈群、钟繇以及高柔等被委以重任的德才俱佳的士人就足以说明问题了。在国家政权相对稳定，社会环境相对安定的治世中，德才兼备的士人毫无疑问具有现实性。那么需要讨论的是，在乱世之中德才兼备的士人是否也具有现实性。在"求贤令"中，曹操认为乱世之中，要求士人兼具德行与才能是过于苛刻的，甚至于其在《敕有司取士毋废偏短令》中提出了将德与才二者相互分离、相互对立的观点，表明了生于乱世中的士人其德与才不仅在概念上不是同一的，在作为个体的士人身上德才兼备也不具有现实性。然而，曹操在《敕有司取士毋废偏短令》中的论断过于武断。最佳的反驳例证就是当时的荀彧与荀攸叔侄。《三国志·魏书·荀攸传》注引《傅子》曰：

> 或问近世大贤君子，答曰："荀令君之仁，荀军师之智，斯可谓近世大贤君子矣。荀令君仁以立德，明以举贤，行无诡随，谋能应机。孟轲称'五百年而有王者兴，其间必有命世者'，其荀令君乎！太祖称'荀令君之进善，不进不休。荀军师之去恶，不去不止'也。"[1]

---

[1] 《三国志》卷十，中华书局，1982，第325页。

当时，士人阶层中有人议论近世之大贤君子，傅子以荀令君和荀军师二人为当世之冠。荀令君即荀彧，荀军师即荀攸，荀彧和荀攸叔侄皆兼具德行与才能，可以说是汉魏之际士人的表率，尤其是荀彧，更是在道德品行与实际才能上皆无可挑剔。荀彧与荀攸叔侄皆在东汉末年以德才兼备而名著于世，他们都经历了党锢之祸和黄巾起义，也经历了汉魏之际各家军阀混战的局面。他们不仅在恶劣的环境中将自身培育养成为德才兼备之士，在乱世之中亦始终持身清正，丝毫没有摒弃道德与节操。荀彧和荀攸皆出仕于曹操秉政之时，二人不可能不受曹操"求贤令"中"唯才是举"思想的影响。曹操之所以在《敕有司取士毋废偏短令》中以"非德"的思想倾向割裂德与才，除了自身急需才能之士协助其实现篡汉自立的野心之外，也因为荀彧与荀攸分别于建安十七年（212）和建安十九年离世。曹操是在作为士人阶层之德才兼备表率的荀彧和荀攸叔侄离世之后才做出了如此论断。总而言之，无论曹操自身在"求贤令"中做出怎样的论断，也不能否定在乱世之中德才兼备的士人是具有现实性的。在对汉魏之际士人德才观嬗变中德与才实践层面进行论证后，可以得出的结论是，在倡导培养君子人格的社会风气与实行德才并举的取士制度共同作用下所形成的最优稳定性的政治环境之中，德才兼备的士人具有现实性。

本章小结

汉魏之际士人德才观的嬗变作为一种伦理思想的发展演变过程，其在自身发展的过程中必然会展现出自身所存在的问题。通过反思这些问题，可以使作为伦理思想的德才观能被更深层次地揭露本质、展现真实面貌，也能进而管窥中国传统伦理思想的内涵。

首先，在德与才概念的阐释上，不论是东汉末年士人阶层出现的种种"矫激"行为，还是"求贤令"中的极端思想，都犯了将德与名在概念上相互混淆和将才与实在概念上相互混淆的错误。德有"德名"与"德实"之分，才也有"才名"与"才实"之分。只是因为当时具体的历史环境，"德名"与"才实"得以偶然地被体现出来。也正因为汉魏之际的士人将德与才混淆为名与实，自东汉以来的"才性之辩"在汉魏之际也从德才之辩转化为了名实之辩，使这一时期士人对德才观的讨论向本体论和认识论的领域靠拢。

其次，在德与才关系的辨析上，曹操在"求贤令"中的德才观倾向为将德与才分裂，并且主张才优先于德，这种思想在《敕有司取士毋废偏短令》中尤为明显。这一德才观深深影响了汉魏之际的德才观。事实上，德与才在中国传统伦理思想中是统一的，并且德也是优先于才的。而在汉魏之际之所以出现德与才在概念上的分离和德与才地位的倒置，不过是源自"经权"思想。同样，在政治视域中，德性与政治功能亦是同一的，且德性是优先于政治功能的。中国传统的伦理思想与古希腊的德性伦理思想在这一方面有异曲同工之妙。

最后，在对德与才实践的反思上，曹魏初期曹丕与曹叡对"求贤令"的极端德才观采取了一系列的纠正措施，即在君子人格的培育养成方面弘扬仁与孝，在取士制度方面实行九品官人法。曹丕与曹叡的这些措施都能够给德才兼备的士人之现实性提供证明，即在良好的社会风气的倡导以及合理的德才并举的取士制度保证之下，不论是在乱世还是治世，德才兼备不仅在概念上具有可能性，在实际的政治生活中也具有现实性。

第四章　汉魏之际士人德才观嬗变的余韵与反思

通过对德与才的概念、德与才的关系以及德与才的实践三个问题的剖析，基本能够揭示出汉魏之际士人德才观嬗变所蕴含的伦理意蕴。然而，仅仅揭示汉魏之际士人德才观嬗变的伦理意蕴仍有诸多未尽之处。换言之，汉魏之际士人德才观的嬗变在思想层面与现实层面尚有一定的历史余韵。而对汉魏之际士人德才观嬗变亦当进行一定的哲学反思，从而能够在现实之中为国家、个人以及社会层面提供有益的借鉴。因此，结合相应的史实以及儒家伦理思想的基本观念，对汉魏之际士人德才观嬗变的余韵与反思可以相应地从国家、个人以及社会三个层面展开论述，即用人政策的导向，理想人格的养成以及社会风尚的引领。

第一节　任德济勋：汉魏之际士人德才观嬗变与用人政策的导向

自曹操颁布"求贤令"，以及曹丕与曹叡意图矫正"求贤令"的偏颇之后，"求贤令"极端的重才轻德思想在司马氏把持曹魏政权期间影响进一步扩大。即便是九品官人法的颁布，亦未能很好地纠正这一思想倾向。事实上，考察汉魏之际士人德才观嬗变的历史余韵，曹魏后继的帝王在司马氏当政期间仍旧试图改变极端重才轻德的德才观，力图在用人政策的导向问题上改变司马氏继承的"求贤令"的观点。最为典型的事件便是曹魏甘露元年（256），新即位的曹髦于太极东堂大宴群臣，并与诸儒讨论少康与汉高祖刘邦的优劣问题。曹髦与诸儒的辩论即涉及用人政策的导向及德才观的问题。《三国志·魏书·三少帝纪》注引《魏氏春秋》曰：

> 帝曰："自古帝王，功德言行，互有高下，未必创业者皆优，绍继者咸劣也。汤、武、高祖虽俱受命，贤圣之分，所觉悬殊。少康、殷宗中兴之美，夏启、周成守文之盛，论德较实，方诸汉祖，吾见其优，未闻其劣；顾所遇之时殊，故所名之功异耳。少康生于灭亡之后，降为诸侯之隶，崎岖逃难，仅以身免，能布其德而兆其谋，卒灭过、戈，克复禹绩，祀夏配天，不失旧物，非至德弘仁，岂济斯勋？汉祖因土崩之势，仗一时之权，专任智力以成功业，行事动静，多违圣检；为人子则数危其亲，为人君则囚系贤相，为人父则不能卫子；身没之后，社稷几倾，若与少康易时而处，或未能复大禹之绩也。推此言之，宜高夏康而下汉祖矣。诸卿具论详之。"①

曹髦认为以往讨论帝王的优劣问题大多以创业与绍继的标准来区分。然而，这种区分未考虑帝王各自的特殊遭遇，即其所面临的天下局势与时代问题皆有差异，故而有失公允。如果易地而处，那么作为创业者的汉高祖刘邦未必能够取得作为绍继者少康的成就，中兴夏王朝。其中的重要原因乃是少康能够"至德弘仁"，而汉高祖刘邦是在秦末乱世之中"因土崩之势，仗一时之权，专任智力以成功业"。少康"至德弘仁"而中兴夏王朝之事见于春秋时吴国大夫伍子胥的叙述。《左传·

---

① 《三国志》卷四，中华书局，1982，第134～135页。

哀公元年》曰:"(少康)逃奔有虞,为之庖正,以除其害。……有田一成,有众一旅,能布其德,而兆其谋,以收夏众,抚其官职。……遂灭过、戈,复禹之绩。祀夏配天,不失旧物。"① 夏王朝经历太康失国之后几乎灭于权臣后羿与寒浞之手。少康乃是奔逃而出的王子,一度成为诸侯身边身份低微的庖厨。然而,少康却能凭借自身的德性获得夏王朝的遗民与诸侯的信任,最终攻灭权臣,恢复了夏王朝的统治。后少康励精图治,恢复了大禹时期的盛迹,史称"少康中兴"。相较之下,汉高祖刘邦虽然创立汉朝,但是他不重视德性而善用权变、任用智力,并且在处理君臣、父子等伦理问题上有重大的缺失,汉室江山社稷在其身死之后落入吕氏之手。② 因此,少康较之汉高祖刘邦而言更优。

曹髦关于少康与汉高祖刘邦优劣的论断,目标直指德与才的优先性问题,而且是结合具体史实,基于统治者制定用人政策的视角展开论述的。从曹髦的论断中能够得出两个层次的结论。曹髦认为少康更优而汉高祖刘邦较劣,实际上乃是表明对用人政策的导向,作为统治者应当弘扬德性而非专任智力。这是曹髦论断中第一个层次的结论。而第二个层次的结论则是从正面对曹操"求贤令"思想的拨乱反正。

---

① (晋)杜预注,(唐)孔颖达正义《春秋左传正义》卷五十七,北京大学出版社,1999,第 1611～1612 页。

② 高贵乡公曹髦论汉高祖刘邦"为人子则数危其亲,为人君则囚系贤相,为人父则不能卫子"之说皆于史有验,即项羽欲烹杀刘太公、刘邦囚禁萧何以及吕后毒杀刘邦爱子赵王刘如意之事。《史记·项羽本纪》曰:"(项羽)为高俎,置太公其上,告汉王曰:'今不急下,吾烹太公。'汉王曰:'吾与项羽俱北面受命怀王,曰"约为兄弟",吾翁即若翁,必欲烹而翁,则幸分我一杯羹。'"(见《史记》卷七,中华书局,1959,第 327～328 页。)又《史记·萧相国世家》曰:"相国因为民请曰:'长安地狭,上林中多空地,弃,原令民得入田,毋收为禽兽食。'上大怒……乃下相国廷尉,械系之。"(见《史记》卷五十三,中华书局,1959,第 2018 页。)又《史记·吕太后本纪》曰:"吕后最怨戚夫人及其子赵王……太后欲杀之,不得间。孝惠元年十二月,帝晨出射。赵王少,不能蚤起。太后闻其独居,使人持酖饮之。"(见《史记》卷九,中华书局,1959,第 397 页。)

曹髦完全否定专任智力的用人政策，意味着其意图从思想根源上矫正曹操"求贤令"的德才观，这亦是曹丕和曹叡时期未敢直接矫正之处。曹操"求贤令"的德才观，萌发于"任天下之智力，以道御之"以及"治平尚德行，有事赏功能"这两大观点。首先，"任天下之智力，以道御之"表明曹操早期试图用正道这类倾向于德性的观点来驾驭、限制有才能之士。而曹髦否定专任智力，甚至连"以道御之"的可能性也被消解了。质言之，曹髦意图将德与才的地位彻底重置，无任何回旋的余地。其次，"治平尚德行，有事赏功能"的观点亦被曹髦颠覆。曹髦认为少康"非至德弘仁，岂济斯勋"，实际上意在表明弘扬德行同样能够取得功业。换言之，无论是"治平"还是"有事"，皆需"尚德行"。并且从"少康中兴"的结果来看，"尚德行"亦能够在现实政治之中取得良善的结果。

曹髦与诸儒的争论并未就此终结。就在太极东堂宴会的次日，以参与宴会讨论的侍中荀顗，尚书崔赞、袁亮、钟毓，以及给事中中书令虞松等人为代表，按照曹髦的要求分别进言关于少康与汉高祖刘邦之高下优劣之论，又进一步讨论了用人政策应当是弘扬德行还是专任智力的问题。《三国志·魏书·三少帝纪》注引《魏氏春秋》曰：

> 翌日丁巳，讲业既毕，顗、亮等议曰："三代建国，列土而治，当其衰弊，无土崩之势，可怀以德，难屈以力。逮至战国，强弱相兼，去道德而任智力。故秦之弊可以力争。少康布德，仁者之英也；高祖任力，智者之俊也。仁智不同，二帝殊矣。《诗》《书》述殷中宗、高宗，皆列《大雅》，少康功美过于二宗，其为《大雅》明矣。少康为优，宜如诏旨。"赞、毓、松等议曰："少康虽积德累仁，然上承大禹遗泽余庆，内有虞、仍之援，外有靡、艾之助，寒浞谗慝，不德于民，浇、豷无亲，外内弃之，以此有国，盖有所因。至于汉祖，起自布衣，率乌合之士，以成帝者之

业。论德则少康优，课功则高祖多，语资则少康易，校时则高
祖难。"①

曹魏诸臣的观点分为两派。荀顗与袁亮赞同曹髦的意见，以少康为优。
然而，荀顗与袁亮又认为少康与汉高祖刘邦所面临的具体历史情境不
同，二人分别属于"仁者之英"与"智者之俊"，分别拥有两种不同
领域的德性。因此，仅从德性层面观之，自然少康更胜一筹。荀顗与
袁亮的观点乃是在赞同曹髦观点同时，又采取德性分殊的方式为汉高
祖刘邦专任智力进行辩护。崔赞、钟毓与虞松的观点则比荀顗与袁亮
更为激进。他们并不承认少康优于汉高祖的论断，而是认为少康能施
用仁德的主要原因在于当时的政治环境能够提供诸多的便利，这些便
利使少康只需要弘扬仁德便能中兴夏王朝。相较之下，汉高祖刘邦建
国之时环境恶劣，必须专任智力方能成就帝业。故而少康在德性方面
胜出，但是主要在于其拥有的政治资源较多；汉高祖刘邦在功业方面
则更胜一筹，而且是在恶劣的政治环境之下任用"乌合之士"艰苦奋
斗而成就的。因此，从价值取向上来看，崔赞、钟毓与虞松更倾向于
汉高祖刘邦，支持专任智力的用人政策。

诸臣的两派观点尽管在少康与汉高祖刘邦优劣问题的结论方面有
所区别，但是基本的价值取向则是相同的。质言之，诸臣皆为汉高祖
刘邦专任智力而得天下进行辩护，从而论证专任智力的用人政策之合
理性与正确性，至少在地位上，应当与任用德性的用人政策等量齐观。
面对诸臣的辩护与论证，曹髦又进一步开展论述，意在为这场论争做
出裁定。《三国志·魏书·三少帝纪》注引《魏氏春秋》曰：

　　帝曰："诸卿论少康因资，高祖创造，诚有之矣，然未知三代
　　之世，任德济勋如彼之难，秦、项之际，任力成功如此之易。且太

────────────

① 《三国志》卷四，中华书局，1982，第135页。

上立德，其次立功，汉祖功高，未若少康盛德之茂也。且夫仁者必有勇，诛暴必用武，少康武烈之威，岂必降于高祖哉？但夏书沦亡，旧文残缺，故勋美阙而罔载，唯有伍员粗述大略，其言复禹之绩，不失旧物，祖述圣业，旧章不愆，自非大雅兼才，孰能与于此，向令坟、典具存，行事详备，亦岂有异同之论哉？"①

曹髦的论述承认诸儒关于少康和汉高祖刘邦政治环境不同的论断，但他又认为政治环境的良善与否并非决定两者高下的根本原因。并且，曹髦将两者高下的根本原因转移到德性之上，甚至直接将德性与功业的成败相互关联。曹髦从两个方面展开论述。其一，从价值序列来看，立德比立功居于更高的层次。立德与立功皆属于儒家伦理"三不朽"的范畴，《左传·襄公二十四年》曰："大上有立德，其次有立功，其次有立言，虽久不废，此之谓不朽。"孔颖达疏曰："立德，谓创制垂法，博施济众，圣德立于上代，惠泽被于无穷……其余勤民定国，御灾捍患，皆是立功者也。"② 少康任德而广布德性于四海，做到了博施济众。而其继承大禹之圣德而中兴大禹之绩，又合乎"圣德立于上代，惠泽被于无穷"的标准，这显然比汉高祖刘邦的立功更有价值。其二，从德性及其功能的关系来看，少康任德则必然能够立功，即曹髦所言的"任德济勋"。换言之，德性与功业乃是分析命题的关系，前者必然包含后者。所谓"仁者必有勇，诛暴必用武"意味着少康之"任德"必然能够"济勋"，只是由于夏王朝过于久远，文献缺失导致少康中兴的具体功绩未能存世而已。因此，综合价值序列和德性及其功能的关系两方面的论证，少康优于汉高祖刘邦可谓明矣，而任用德性的用人政策亦比专任智力更利于国家的长治

① 《三国志》卷四，中华书局，1982，第135页。
② （晋）杜预注，（唐）孔颖达正义《春秋左传正义》卷三十五，北京大学出版社，1999，第1003～1004页。

久安。

作为汉魏之际士人德才观嬗变的历史余韵，曹髦与诸臣讨论夏王少康与汉高祖优劣的问题，涉及对曹操"求贤令"用人思想及其德才观的反思，乃是曹魏官方在用人政策方面最后的矫正。并且，这一争论亦是曹髦与司马氏集团进行思想对抗的第一场论战，① 其目的正是从德才观入手，重新获得士人阶层的支持，其政治意蕴可见一斑。尽管最终的结果是司马昭弑君，曹魏官方纠正士人德才观的最后努力亦随着高贵乡公曹髦的被弑而宣告破产。然而，此次论争能够给予后世在制定用人政策方面以启示，即"任德济勋"乃是最佳的用人政策，而所谓的"任德济勋"并非单纯地任用德才兼备之士，而是从形而上的层面阐明了德性与功业的关系。质言之，任德者必然能够成就功业，他们的道德德性与政治功能亦必定能够统一，进而在现实政治生活中达成良善的政治结果。

第二节　用心正道：汉魏之际士人德才观嬗变与理想人格的养成

"任德济勋"的用人政策导向乃是对汉魏之际士人德才观嬗变外在的反思。但是良好的政治基础绝非仅依靠外在的制度保障便能实现和持续，其还需要依靠政治实践和从事政治生活的主体的内在修养。

---

① 就在此次论争之后两个月，曹髦又至太学与诸儒论《易》、《尚书》以及《礼记》，其中分别又涉及"圣人""王道""天命""立德""教化"等问题。（参见《三国志》卷四，中华书局，1982，第135~138页。）其中又以论《尚书》而涉及郑玄与王肃的经义之争而最引后世瞩目。譬如华喆认为，"高贵乡公太学问《尚书》这一事件，看似曹髦站在郑学立场上批评王学，其实是借郑、王异义来质疑司马氏的统治资格。曹髦问《尚书》的背后，是在强调天命在曹魏而不在司马，以此来对抗司马氏的政治压力"。（参见华喆《高贵乡公太学问〈尚书〉事探微——兼论"天命"理想在魏晋的终结》，《中国史研究》2018年第2期。）相似地，曹髦于太学问《易》与《礼记》亦有论证曹魏为政统所在的意蕴。

换言之，以何种理想人格为最终目标，又如何实现这一目标，乃是汉魏之际士人德才观嬗变的内在的反思。前文已然探讨，即便是在汉魏之际的乱世，以及曹操"求贤令"的德才观在士人阶层中大行其道之际，德才兼备的士人依然具有现实性，出自颍川荀氏家族的荀彧与荀攸叔侄即是代表。因此，此处再以荀彧为切入点，进一步阐明在汉魏之际的历史与现实之中，何谓理想人格的标准以及如何养成理想的人格。与曹丕与曹叡弘扬仁与孝，主张培育士人的君子人格相异。荀彧的德性已然超越仁与孝的范畴，甚至较之君子人格亦更胜一筹。《三国志·魏书·荀彧传》注引《彧别传》曰：

> 彧德行周备，非正道不用心，名重天下，莫不以为仪表，海内英隽咸宗焉。司马宣王常称书传远事，吾自耳目所从闻见，逮百数十年间，贤才未有及荀令君者也。……钟繇以为颜子既没，能备九德，不贰其过，唯荀彧然。或问繇曰："君雅重荀君，比之颜子，自以不及，可得闻乎？"曰："夫明君师臣，其次友之。以太祖之聪明，每有大事，常先咨之荀君，是则古师友之义也。吾等受命而行，犹或不尽，相去顾不远邪！"[1]

荀彧乃是"德行周备"且用心于正道之士人，其亦因为如此而成为天下士人的榜样。对此，即便是司马懿亦不禁叹服荀彧的德性。并且，荀彧的德性又绝非如汉末诸多士人徒有其表的德名，而是兼具德才、沟通贤才的德实。钟繇更是认为荀彧"能备九德"与"不贰其过"，已然能够与颜回比肩，此乃对荀彧德性的最高评价，同时亦揭示了理想人格的养成方向。

"不贰其过"典出孔子形容颜回之语。《论语·雍也》记载孔子评价颜回之语，曰："有颜回者好学，不迁怒，不贰过。"何晏注曰：

---

[1] 《三国志》卷十，中华书局，1982，第318页。

"不贰过者，有不善，未尝复行。"邢昺疏曰："人皆有过惮改。颜回有不善，未尝不知；知之，未尝复行，不贰过也。"① 故而"不贰其过"乃是指知错就改，不犯同样的错误，这是很高明的道德修养。朱熹甚至认为"不贰其过"乃是"过于前者，不复于后"②的圣人之道。质言之，荀彧"不贰其过"实际上乃是克己复礼的体现，亦是以圣人为理想人格的自我德性养成，更是如颜回一样"其未至于圣人者，守之也，非化之也。假之以年，则不日而化矣"。③ 而"能备九德"则见诸皋陶与大禹在舜帝面前的对话。④《尚书·皋陶谟》曰：

> 皋陶曰："都！亦行有九德。亦言其人有德，乃言曰，载采采。"禹曰："何？"皋陶曰："宽而栗，柔而立，愿而恭，乱而敬，扰而毅，直而温，简而廉，刚而塞，强而义。彰厥有常，吉哉！日宣三德，夙夜浚明有家。日严祗敬六德，亮采有邦。翕受敷施，九德咸事，俊乂在官。百僚师师，百工惟时。抚于五辰，庶绩其凝。"⑤

皋陶认为最完善的人格应当兼具"九德"，而"九德"的多寡又与具体的职位序列相对应。孔颖达曰："人性不同，有此九德。人君明其

---

① （魏）何晏注，（宋）邢昺疏《论语注疏》卷六，北京大学出版社，1999，第71页。

② （宋）朱熹：《四书章句集注》，中华书局，2011，第84页。

③ （宋）朱熹：《四书章句集注》，中华书局，2011，第84~85页。

④ 除《尚书》之外，"九德"之说另有两处。其一，《左传·昭公二十八年》曰："心能制义曰度，德正应和曰莫，照临四方曰明，勤施无私曰类，教诲不倦曰长，赏庆刑威曰君，慈和遍服曰顺，择善而从之曰比，经纬天地曰文。九德不愆，作事无悔，故袭天禄，子孙赖之。"[见（晋）杜预注，（唐）孔颖达正义《春秋左传正义》卷五十二，北京大学出版社，1999，第1496~1497页。]此乃述说周文王之所以得天下之九德。其二，《逸周书·常训解》曰："九德：忠、信、敬、刚、柔、和、固、贞、顺。"（见黄怀信、张懋镕、田旭东《逸周书汇校集注》卷一，上海古籍出版社，1995，第56页。）此乃述说王者为政教化之要。前者与德才观无涉，后者则与《尚书·皋陶谟》相类，故而此处仅以《尚书·皋陶谟》为例分析"九德"之要。

⑤ （汉）孔安国传，（唐）孔颖达疏《尚书正义》卷四，北京大学出版社，1999，第104~106页。

九德所有之常，以此择人而官之，则为政之善哉！"① 而从"日宣三德"、"日严祗敬六德"以及"九德咸事"的序列来看，其分别对应家、国以至天下，这正是儒家提倡的外王的推及序列。然而，"能备九德"与"不贰其过"又有相通之处，即"九德"亦是克己复礼的体现。譬如朱熹认为"九德"实际上"只是好底气质"。朱熹又进一步将"九德"解释为圣贤教人变化气质，其曰："'宽而栗，柔而立，刚而无虐'，这便是教人变化气质处。……有人生下来便自少物欲者，看来私欲是气质中一事。"② 由此可见，"能备九德"不仅指德性及其对应的政治身份，同时亦意味着圣人的理想人格以及通过变换气质而实现理想人格的工夫论。总而言之，钟繇评价荀彧"能备九德"与"不贰其过"，虽然有世家大族彼此美饰之嫌，但是仍旧能够看出荀彧的人格已然超越君子的范畴，荀彧乃在汉末乱世中与春秋礼坏乐崩之下的颜回之人格相当的圣贤之士。

那么荀彧在汉末的乱世之中又是如何通过变化气质，进而做到"能备九德"与"不贰其过"，从而自我塑造理想人格的呢？答案是"用心正道"。《三国志·魏书·荀彧传》注引《典略》曰：

> 彧折节下士，坐不累席。其在台阁，不以私欲挠意。彧有群从一人，才行实薄，或谓彧："以君当事，不可不以某为议郎邪？"彧笑曰："官者所以表才也，若如来言，众人其谓我何邪！"其持心平正皆类此。③

荀彧在日常生活之中保持谦虚谨慎的态度尊重他人，不追求过度优渥的生活。其在尚书台任职期间，不徇私舞弊，而是秉公办理事务，坚持

---

① （汉）孔安国传，（唐）孔颖达疏《尚书正义》卷四，北京大学出版社，1999，第 105 页。
② （宋）黎靖德编《朱子语类》卷七十八，王星贤点校，中华书局，1986，第 2019 页。
③ 《三国志》卷十，中华书局，1982，第 311 页。

"因任而授官"的准则。荀彧如此摒弃私欲，并且秉持一片公心的生活与处世方式，实际上正是其"用心正道"的表现。而荀彧这种"用心正道"又是中国传统伦理道德基本精神的集中体现，更是中国传统社会所要塑造的理想人格。① 质言之，想要通过变化气质进而达到"能备九德"与"不贰其过"的圣贤境界，关键是在日常生活之中时刻秉持公心，以"用心正道"的方式不断自我磨砺、塑造理想的人格。

然而，在汉魏之际士人德才观嬗变的大趋势之下，诸如荀彧这样的士人是难能可贵的。陈寿曾论曰："荀彧清秀通雅，有王佐之风，然机鉴先识，未能充其志也。"② 其意在表明，荀彧即便"用心正道"，亦未能改变当时的士人在曹操"求贤令"的驱策之下，消弭了以忠为代表的诸多德性，进而从拥护汉室转变为支持曹魏的局面。陈寿的评价固然有其合理之处，但是亦有独断之处。裴松之提出异议，其论曰：

> 彧岂不知魏武之志气，非衰汉之贞臣哉？良以于时王道既微，横流已极，雄豪虎视，人怀异心，不有拨乱之资，仗顺之略，则汉室之亡忽诸，黔首之类殄矣。……苍生蒙舟航之接，刘宗延二纪之祚，岂非荀生之本图，仁恕之远致乎？及至霸业既隆，翦汉迹著，然后亡身殉节，以申素情，全大正于当年，布诚心于百代，可谓任重道远，志行义立。谓之未充，其殆诬欤！③

的确，荀彧能够在王道衰微的乱世依然秉持忠贞之志，坚守退让之节，

---

① 在中国古代的诸多伦理道德精神之中，"尚公"乃是最为基本的伦理道德精神。张锡勤先生即认为"我们对中国古代众多的德目、规范，以及卷帙浩繁的伦理论著作一番梳理便可发现，尚公、重礼、贵和乃是中国传统伦理道德的基本精神，……在这三者中，更根本的是尚公，它是中国传统伦理道德最基本的价值取向，从某种意义说，重礼、贵和也是由尚公派生的"。参见张锡勤《中国传统道德举要》，黑龙江大学出版社，2009，第391页。
② 《三国志》卷十，中华书局，1982，第332页。
③ 《三国志》卷十，中华书局，1982，第332页。

本身即足以证明其人格的高尚。儒家之所以重视诸如颜回与荀彧这类贤者，其根本缘由乃是他们以圣人的理想人格为目标，无时无刻不在与日常生活之中的人欲斗争，抵抗私欲的诱惑。他们能凭借自身"用心正道"的工夫，在不断的天人交战之中摒弃私欲而复见本心，此即人作为道德主体之所以崇高的关键所在。因此，从荀彧的事例之中能够反思而出的启示是，以"用心正道"来追求公心，乃是养成理想人格的重要途径。

第三节　草偃风从：汉魏之际士人德才观嬗变 与社会风尚的引领

良好的社会风尚不仅是国家和社会文明程度的标志，同时也是推动国家和社会迈向文明的基础。树立正确的价值观，加强社会风尚的引领必然是国家和社会进行思想文化建设，推动文化繁荣的重要内容，而执政者的德才观倾向又是引领社会风尚最核心的推动力。所谓"政者，正也。子帅以正，孰敢不正"，儒家所说的为政之道就在于"正"，即执政者自身若能以正自克，那么天下之人谁敢不正？这种观点正揭示了执政者的德才观倾向与社会风尚之间的关系。事实上，考察汉魏之际士人德才观嬗变的历史进程，不难发现无论是曹操、曹丕还是曹叡，他们执政之时皆需要将诸如荀彧、荀攸、崔琰、毛玠、何夔以及王祥等有德性的士人树立为天下的榜样。曹髦与诸臣关于少康与汉高祖刘邦优劣的争论，是从执政者层面反思用人政策，最终仍需要将社会风尚的引领作为落脚点。因此，总结汉魏之际士人德才观嬗变与社会风尚的引领乃是重中之重。

《论语·颜渊》记载季康子问政孔子之事，曰："季康子问政于孔子曰：'如杀无道，以就有道，何如？'孔子对曰：'子为政，焉用杀？子欲善而民善矣。君子之德风，小人之德草。草上之风，必偃。'"此即儒家伦理思想的"草偃风从"之说。对此，何晏注曰："偃，仆也。加草以风，无不仆者，犹民之化于上。"邢昺疏曰："在上君子为政之德若风，在下小人从化之德如草，加草以风，无不仆者。犹化民以正，无不从者。"① 何注与邢疏清楚地阐明了"草偃风从"的含义，即孔子主张执政者应当以德化民，而民之所向又如风吹拂大地，大地的草亦随风而偃仆。朱熹亦曰："为政者，民所视效，何以杀为？欲善则民善矣。"② 换言之，季康子的本意是咨询孔子以刑杀无道之人而安抚正道是否合理，孔子则认为如果执政者自身能够弘扬德行，并以德化成天下，又何须用刑杀之法。执政者自身以宣扬德化为表率，百姓自然枝附影从。

　　然而，在社会风尚的引领过程中存在两个问题。第一个问题牵涉德与才的概念层面。譬如某人道德品行败坏，但办事得力，便有一种辩护意见认为此人毕竟很有才干，在实际工作中能解决问题，而良好的道德只是一种名声，与解决实际问题不甚相干。这种观点以此人所具有的才干为中心，对此人的败德之举进行辩护，究其根本就是对德与才的概念理解不清晰。第二个问题则牵涉德与才的关系层面。譬如在评价某人的时候，认为道德与成就无关。即认为某个人的个人道德与个人成就应当分开来看，道德的归于道德，成就的归于成就。从汉魏之际士人德才观嬗变的历史进程及其造成的结果来看，这两个问题所造成的后果极其严重。而这些后果归根结底缘于执政者将这两种错误的论调贯彻于德才观之中，致使士人阶层乃至整个社会的风尚沉沦败坏。

　　因此，执政者引领风尚不仅需要宣扬正确的德才观，同时还需要对败坏社会风气的执政人员进行严惩。儒家重视这个问题，并主张通过某些特殊的手段肃正风气。孔子诛杀鲁国大夫少正卯之事就是最典

---

① （魏）何晏注，（宋）邢昺疏《论语注疏》卷十二，北京大学出版社，1999，第167页。
② （宋）朱熹：《四书章句集注》，中华书局，2011，第139页。

型的案例。《史记·孔子世家》曰:"定公十四年,孔子年五十六,由大司寇行摄相事,……于是诛鲁大夫乱政者少正卯,与闻国政三月,粥羔豚者弗饰贾,男女行者别于涂,涂不拾遗,四方之客至乎邑者不求有司,皆予之以归。"①孔子就任大司寇后又暂代鲁国国相。其上任后的第一件事就是诛杀乱政的大夫少正卯,国家上下的风气随之改善。至于少正卯何以乱政,《史记》并未记载,《孔子家语》则交代了孔子诛杀少正卯之事的始末。②《孔子家语·始诛》曰:

> 孔子为鲁司寇,摄行相事,有喜色。仲由问曰:"由闻君子祸至不惧,福至不喜,今夫子得位而喜,何也?"孔子曰:"然,有是言也,不曰'乐以贵下人'乎?"于是,朝政七日而诛乱政大夫少正卯,戮之于两观之下,尸于朝三日。子贡进曰:"夫少正卯,鲁之闻人也,今夫子为政而始诛之,或者为失乎?"孔子曰:"居,吾语汝以其故,天下有大恶者五,而窃盗不与焉。一曰心逆而险,二曰行僻而坚,三曰言伪而辩,四曰记丑而博,五曰顺非而泽。此五者,有一于人,则不免君子之诛,而少正卯皆兼有之。其居处足以撮徒成党,其谈说足以饰褒莹众,其强御足以反是独立,此乃人之奸雄者也,不可以不除!夫殷汤诛尹谐,文王诛潘正,周公诛管蔡,太公诛华士,管仲诛付乙,子产诛史

---

① 《史记》卷四十七,中华书局,1959,第1917页。

② 孔子诛杀少正卯之缘由及其始末最早由荀子记述,《荀子·宥坐》曰:"孔子为鲁摄相,朝七日而诛少正卯,门人进问曰:'夫少正卯,鲁之闻人也,夫子为政而始诛之,得无失乎?'孔子曰:'居!吾语女其故。人有恶者五,而盗窃不与焉:一曰心达而险,二曰行辟而坚,三曰言伪而辩,四曰记丑而博,五曰顺非而泽。此五者有一于人,则不得免于君子之诛,而少正卯兼有之。故居处足以聚徒成群,言谈足以饰邪营众,强足以反是独立,此小人之桀雄也,不可不诛也。'"[见(清)王先谦《荀子集解》卷二十,沈啸寰、王星贤点校,中华书局,1988,第520~521页。]此外,《淮南子》《韩诗外传》《说苑》《白虎通》《论衡》等汉代典籍均有记载,《孔子家语》的记载最为详细,故而选用之。

何，凡此七子皆异世而同诛者，以七子异世而同恶，故不可赦也。
《诗》云：'忧心悄悄，愠于群小。'小人成群，斯足忧矣。"①

孔子公开诛杀少正卯，并且在朝堂之上暴尸三日，可见孔子意图以诛
杀少正卯为威慑，以儆效尤。子贡询问孔子此举是否有失常理，孔子
便列出少正卯的五条罪状，即"心逆而险""行僻而坚""言伪而辩"
"记丑而博""顺非而泽"，这些罪状体现出少正卯乃是德性败坏而又
具备才能之人。此外，少正卯结党营私，用自己的学说鼓动众人，这
就会致使天下之人的德性受到败坏。因此，孔子必须诛杀少正卯，并
将诛杀少正卯与商汤、周文王以及周公等圣贤诛杀恶人之举等量齐观。
从孔子诛杀少正卯的事例，能管窥儒家对有才能而无德性却身居高位
之人的处置方式。由于这些人能够参与执政，故而其言行举止亦会形
成一定的影响，故而儒家对此十分警惕，甚至不惜违背仁爱的原则而
动用刑杀以解决问题。诚然，孔子诛杀少正卯的事例属于极端的情况，
并不能作为常例来看待，但是从孔子处置方式来看，能够看出儒家对
社会风气引领的重视程度。而引领社会风气又需要宣扬正确的德才观，
树立德性与"功能"的正确关系。尤其是在政治的视域下，德性与政
治功能是不能相互割裂的，且德性在逻辑上一定是优先于政治功能的。
明确德与才的关系，认清德性与政治功能的关系，这亦是引领社会风
尚的关键。

---

① 王国轩、王秀梅译注《孔子家语》，中华书局，2012，第11页。

结　语

在中国伦理思想史上，德才观的话题为历代学者所津津乐道，汉魏之际是秦汉大一统与两晋南北朝大分裂的过渡时期，汉魏之际德才观的嬗变由于对中国传统伦理思想的转型有决定性作用而格外引人注目。此外，曹操的"求贤令"一方面是汉魏之际士人德才观嬗变的必然产物和思想结晶，另一方面又反作用于汉魏之际士人德才观的嬗变过程。故而以"求贤令"为核心的研究最能把握汉魏之际士人德才观嬗变的本质。

汉魏之际士人德才观的嬗变具有其独特的思想前提。在党锢之祸与儒家伦理的衰弱、黄巾起义与佛道伦理的发展以及"矫激"现象与法家思想的复兴，三重思想前提之下，汉魏之际士人德才观的嬗变是必然的，并且这一嬗变的逻辑方向也必然要从重德轻才转向重才轻德。曹操"求贤令"如弦上之箭，不得不发。曹操"求贤令"中的德才观也必然是汉魏之际士人德才观嬗变过程的浓缩与提炼，是汉魏之际的思想精华。

汉魏之际士人德才观的嬗变不是一蹴而就的，而是有一个循序渐进的过程，这个过程的历史进程十分清晰。曹操"求贤令"中的德才观，就充分体现了这一嬗变的历史进程，同时也推动了这一进程。《求贤令》中的"唯才是举"，《敕有司取士毋废偏短令》中的"士有偏短"以及《举贤勿拘品行令》中的"勿拘品行"，清晰地体现出从重德轻才到重才轻德的历史进程。同时，汉魏之际士人德才观在"求贤令"的影响下也发生了同样的嬗变。在梳理"求贤令"的思想内容与汉魏之际士人德才观嬗变的历史进程之后，关于德与才的概念、德与才的关系以及德与才的实践这三个问题业已跃然于纸上。

汉魏之际士人德才观的嬗变所体现的三个问题，其伦理意蕴值得人们深思。在德与才概念的阐释上，德不能与名相混淆，才不能与实相混淆，德才之辩也不能等同于名实之辩。在德与才关系的辨析上，德与才在概念上具有同一性，德之于才具有优先性，政治视域中的德性与政治功能的关系亦是如此。在德与才实践的反思上，良好的社会导向能够培育养成个人的君子人格，合理的取士制度能够在制度上给德才兼备之士以保障，德才兼备的士人任何时候在实践层面上都具有现实性。

汉魏之际士人德才观嬗变的启示，则在于用人政策的导向，理想人格的养成以及社会风尚的引领三个方面。正确的用人政策导向乃是"任德济勋"，即任用德性与政治能力能够统一之人，进而实现良善的政治；理想人格的养成则是强调执政者应当"用心正道"，以圣贤为理想人格不断加强自身的德性修养；而社会风尚的引领更要求执政者以身作则，从而做到"草偃风从"，以德性化成天下。

以日常生活的视角来看，德才观与我们的世界观、人生观以及价值观息息相关；以政治生活的实践来看，正确的德才观对国家制度的完善和社会风气的整顿具有重要作用。以曹操的"求贤令"为中心的汉魏之际士人德才观嬗变的研究，是中国伦理思想发展史中关于德才观问题的一个片段。中国古代的哲学思想可谓博大精深、积淀深厚，关于德才观的问题还蕴藏着丰厚的资源等待学者们进一步挖掘。笔者也将持续关注德才观的问题，与对这一问题亦有兴趣的学者们共同研究和探索。

附录　经权思想的汉宋之别
及其规范性来源

经权思想是儒家伦理思想体系中重要的内容，亦是儒家指导人们在道德实践中践行道德准则以及将其灵活运用的学说。经者，"织也，从系"，① 本义是指布帛上纵向的线条，后引申为天地间亘古不变、颠扑不破的道理，在伦理学层面则是指一般的道德准则和规范。权者，"黄华木……一曰反常"，② 本义是指黄华木，后引申出衡量、变通、权宜等含义，在伦理学层面则是指对道德准则和规范的灵活运用。

春秋战国时期，儒家对经权思想就有所讨论。《论语·子罕》载："子曰：可与共学，未可与适道；可与适道，未可与立；可与立，未可与权。"③ 首次提出权的概念。《周易·系辞》亦曰："巽以行权。"④ 也涉及权的问题。孟子提出"男女授受不亲，礼也。嫂溺援之以手者，权也"，⑤ 最先论及礼（经）与权的关系。

然而，后世儒者对经权思想的理解可谓莫衷一是。汉代儒学以经

① （汉）许慎：《说文解字》卷十三，（宋）徐铉校定，中华书局，2013，第272页。
② （汉）许慎：《说文解字》卷七，（宋）徐铉校定，中华书局，2013，第112页。
③ （魏）何晏注，（宋）邢昺疏《论语注疏》卷九，北京大学出版社，1999，第122~123页。
④ （魏）王弼注，（唐）孔颖达疏《周易正义》卷八，北京大学出版社，1999，第314页。
⑤ （汉）赵岐注，（宋）孙奭疏《孟子注疏》卷七下，北京大学出版社，1999，第204页。

学为盛，其中以公羊学对经权思想的论述最为丰富。① 宋代则以理学为儒学的新形态，其中以程颐和朱熹的经权思想最具代表性。汉儒与宋儒对经权思想的理解存在怎样的差别？二者存在差别的原因何在？这种差别是否具有内在的、同一的规范性来源？这是本文需要讨论的问题。

一 "反经有善"：公羊学的经权思想

公羊学作为解释《春秋》的三大流派之一，其阐述思想的方式是对《春秋》经文作传或注疏，公羊家对经权思想的阐述亦无出其外。其中，公羊家对经与权关系着墨最多的是"祭仲行权"之事。《左传·桓公十一年》交代了"祭仲行权"的始末："初，祭封人仲足有宠于庄公，庄公使为卿。为公娶邓曼，生昭公，故祭仲立之。宋雍氏女于郑庄公，曰雍姞，生厉公。雍氏宗有宠于宋庄公，故诱祭仲而执之，曰：'不立突，将死。'亦执厉公而求赂焉。祭仲与宋人盟，以厉公归而立之。"② 郑国执政卿祭仲奉郑庄公遗命立公子忽（郑昭公）为君。宋国支持亲宋的公子突，就设计劫持祭仲，要挟他驱逐郑昭公，改立公子突。祭仲为保全国君的性命和郑国的社稷接受宋国的要求，拥立公子突（郑厉公）为君，于是《春秋》书曰："宋人执郑祭仲。"公羊学的经权思想主要围绕这句经文展开。

（一）善的结果与正当的手段：《公羊传》对经权思想的奠基

《公羊传》是公羊学思想的根本经典，同时也是公羊学家发明新义的基础文本。因此，公羊学经权思想最直接的体现就在《公羊传》对《春秋》经文的解释之中。《公羊传·桓公十一年》解释"宋人执

---

① "春秋三传"皆围绕"祭仲行权"讨论问题，《左传》传事不传义，《穀梁传》所言之"权"乃是掌权之义，唯有《公羊传》讨论经权问题。

② （晋）杜预注，（唐）孔颖达正义《春秋左传正义》卷七，北京大学出版社，1999，第196页。

郑祭仲"的传文曰：

> 古人之有权者，祭仲之权是也。权者何？权者反于经，然后
> 有善者也。权之所设，舍死亡无所设。行权有道：自贬损以行权，
> 不害人以行权。杀人以自生，亡人以自存，君子不为也。①

在这段传文中，《公羊传》一方面对权做出定义，另一方面亦对行权的条件做出一系列规定，现对这段传文进行分析。"古人之有权者，祭仲之权是也。"何休注曰："古人，谓伊尹也。汤孙大甲骄蹇乱德，诸侯有叛志，伊尹放之桐宫，令自思过，三年而复成汤之道。前虽有逐君之负，后有安天下之功，犹祭仲逐君存郑之权是也。"② 商汤的孙子太甲即位之初耽于享乐，四方诸侯怨声载道。伊尹为保全成汤社稷而流放太甲于桐宫思过，三年之后还政于太甲，太甲成为一代贤君，成汤社稷也得以存续。何休将伊尹与祭仲类比，由此可见，《公羊传》对祭仲能知权是持褒扬态度的。

《公羊传》为何要褒扬祭仲能知权？这就涉及权的含义问题。在《公羊传》看来，所谓权，乃是"反于经，然后有善者也"，这也是整个公羊学经权思想的核心。虽然何休未对这句传文做出注解，然而何休在《公羊传》此段文字之前论"何贤乎祭仲？以为知权也"时注曰："权者，称也。所以别轻重，喻祭仲知国重君轻。君子以存国，除逐君之罪，虽不能防其难，罪不足而功有余，故得为贤也。"③ 祭仲在面临"存国"和"逐君"的两难问题时需要综合考量二者的轻重。

---

① （汉）公羊寿传，（汉）何休解诂，（唐）徐彦疏《春秋公羊传注疏》卷五，北京大学出版社，1999，第98页。

② （汉）公羊寿传，（汉）何休解诂，（唐）徐彦疏《春秋公羊传注疏》卷五，北京大学出版社，1999，第98页。

③ （汉）公羊寿传，（汉）何休解诂，（唐）徐彦疏《春秋公羊传注疏》卷五，北京大学出版社，1999，第97页。

而在《公羊传》看来，前者的重要性要大于后者。换言之，祭仲驱逐郑昭公是违背君臣之义的反经，但他是出于保全郑国社稷这一良善的目的而行权。

那么《公羊传》是否认为在任何的情况下都可以行权？答案是否定的。这就是"权之所设，舍死亡无所设"。关于这句传文，何休注曰："设，施也。舍，置也。如置死亡之事不得施。"①《公羊传》对可以行权的情况要求极为严苛，若非遇到"死亡"则不能行权。这里的"死亡"是指"君必死，国必亡"的结果。具体到祭仲身上，即如果他不答应宋国人的要求，不仅郑国江山社稷不保，郑昭公亦会被宋国人杀害。因此，在这种极端的情况下祭仲可以行权。

此外，《公羊传》对行权的手段和动机亦有所规定，即"自贬损以行权，不害人以行权"。更为具体的描述则是"杀人以自生，亡人以自存，君子不为也"。何休对这两句传文并未有过多的发挥，然而徐彦作疏解曰："生者，乃所以生忽存郑，非苟杀忽以自生，亡郑以自存。"②祭仲承受逐君之罪名，属于自我贬损的行为，他并未以损害他人的方式来行权。并且，从祭仲行权的动机上来看亦是以他人为目的的，他是为了"生忽存郑"，而非"亡人自存"。

综上所述，我们可以对《公羊传》的经权思想做出如下总结。首先，《公羊传》在权的定义上包含两点，同时这也是其对经与权关系的理解。其一，就行为的内容而言，权必须要与经相反。如果权与经在内容上没有区分或是相似，那么权的说法亦无存在的必要。其二，就行为的结果而言，权的后果也必须是良善的。如果权的后果不能尽善，那么就必须选择能够造成相对良善的结果的行为。其次，《公羊

---

① （汉）公羊寿传，（汉）何休解诂，（唐）徐彦疏《春秋公羊传注疏》卷五，北京大学出版社，1999，第98页。

② （汉）公羊寿传，（汉）何休解诂，（唐）徐彦疏《春秋公羊传注疏》卷五，北京大学出版社，1999，第98页。

传》对行权还有三点规定，这些规定反映出《公羊传》经权思想中谨慎的态度。其一，就行权的具体情境而言，行为人必须在遭遇极端的情况时才能行权。其二，就行权的手段而言，行为人在行权的同时不得将他人当作手段，但是行为人可以将自身作为手段。其三，行为人除了不得将他人当作手段之外，还必须将他人作为目的。总而言之，《公羊传》的经权思想在于"反经有善"，其对经权思想的理解和对行权的规定也为整个公羊学的经权思想确立了基调。

（二）"复正"与善的动机：董仲舒对经权思想的拓展

两汉公羊学的大家当推董仲舒与何休。何休的注解对《公羊传》义理有诸多发明，然而在经权思想上并无太多新意，只是对传文详加解释。相比之下，董仲舒对公羊学的经权思想的阐发则有更多新意。他在《春秋繁露》中解"宋人执郑祭仲"经文曰：

> 祭仲之出忽立突，此执权存国，行正世之义，守惓惓之心，《春秋》嘉其义焉，故见之，复正之谓也。……祭仲措其君于人所甚贵，以生其君，故《春秋》以为知权而贤之。故凡人之有为也，前枉而后义者，谓之中权，虽不能成，《春秋》善之，祭仲是也。①

董仲舒的这段解经文字由两部分组成，它们分别出于《王道》和《竹林》，日本汉学家重泽俊郎出于这两部分文字皆是对"宋人执郑祭仲"的解释，于是将其合成为一段传文。这两部分文字分别在两个方面体现董仲舒对公羊学经权思想的拓展。

其一，以"复正"解释行权。何谓"复正"？苏舆注曰："复正犹言反之正。"② 在董仲舒看来，《春秋》褒扬祭仲在于他能够"复正"，

---

① 〔日〕重泽俊郎：《春秋董氏传》，《周汉思想研究》，弘文堂书房，1943，第326页。
② （清）苏舆：《春秋繁露义证》卷四，钟哲点校，中华书局，1992，第114页。

换言之，在道德实践中行权就是"复正"。按照董仲舒的理解，公羊学对权的定义就产生了新的内容。《公羊传》认为权是"反于经，然后有善者"，其中的"反"原本是相反、相对的意思。然而董仲舒以"复正"来解释行权，这就使"反"又带有返回、归还的意思。

其二，将善的动机纳入对行权的考量之中，即"故凡人之有为也，前枉而后义者，谓之中权"。祭仲虽然做到"存国"与"生君"，但毕竟造成"逐君"的结果，因此董仲舒的这句话有为祭仲辩护的目的。苏舆注解此段就援引"虞舜放象"与"周公摄政"的例子，并论曰："事关宗社，心无所利，势有所穷，卒底奠安，醇然见义，非夫凡庶之所能拟也。"① 祭仲行权从动机上来看与虞舜、周公相似，皆是在遭遇关乎宗庙社稷的大事之时，迫于形势而不得不行权。尽管行为所造成的后果未必尽善尽美，然而他们的动机皆是良善的、无一毫私利之心的，故而"《春秋》善之"。可以看到，董仲舒的思想使权在道德行为的衡量中存在善的动机和善的后果之间的张力，这也使公羊学经权思想中道义论的特点更加明显。

此外，董仲舒还有其他关于权的论述。他在《春秋繁露·玉英》中提出："权之端焉，不可不察也。夫权虽反经，亦必在可以然之域。不在可以然之域，故虽死亡，终弗为也。"② 这段话同样有两方面内容。一方面，董仲舒认为"权虽反经"，承认权是与经相对的不同事物。另一方面，董仲舒还认为行权有其"可以然之域"和"不可以然之域"。《玉英》的这段话与《王道》《竹林》的内容存在矛盾。在对行权的定义方面，《玉英》继承《公羊传》的原意，《王道》《竹林》则取返回、归还意。在对行权的规定方面，《玉英》比《公羊传》更为严苛，认为行为人在"不可以然之域"（即使是"君死国灭"）亦

---

① （清）苏舆：《春秋繁露义证》卷二，钟哲点校，中华书局，1992，第58页。
② （清）苏舆：《春秋繁露义证》卷三，钟哲点校，中华书局，1992，第79页。

不得行权。相反，《王道》《竹林》将善的动机纳入对行权的考量，实际上弱化了对行权的规定。

综上所述，董仲舒对公羊学经权思想的创见在于强调反经之"反"有返回、归还的意思以及行权人的善良动机。表面上看，董仲舒的观点不仅与《公羊传》的经权思想矛盾，甚至在他自身的经权思想体系中也存在矛盾。对于上述的矛盾，我们需要从不同的层面上理解。将反经之"反"理解为相对、相反，这是基于行为表现的层面而言的。将"反"理解为返回、归还，这是基于行为目的的层面而言的。质言之，在道德实践中经与权在行为表现层面必然不同，但是在行为目的的层面则都是相同的，经与权所追求的皆是良善结果。相似地，行权的规定无论是否需要考量行权人的动机，其目的皆是以高度谨慎的态度将行权规定在"可以然之域"。不可否认，公羊学以反经释权具有一定的危险性，稍有不慎就会使行权沦为权诈阴谋之术。董仲舒显然预见到了这种可能性，因此他才将返回、归还的意思引入权的释义中，同时也将行为人的动机纳入行权考量的范围。

（三）公羊学经权思想与"实与而文不与"

蒋庆认为，由于关注对象不同，儒学的性质也有不同，公羊学在性质上属于"区别于心性儒学的政治儒学"。[①] 蒋庆的论断恐未尽然，将公羊学简单归类于政治儒学的观点是值得推敲的。但是，公羊学蕴含丰富的政治哲学内容，这是不可否认的。司马迁在《史记·太史公自序》有云："故有国者不可以不知《春秋》，前有谗而弗见，后有贼而不知。为人臣者不可以不知《春秋》，守经事而不知其宜，遭变事而不知其权。为人君父而不通于《春秋》之义者，必蒙首恶之名。为人臣子而不通于《春秋》之义者，必陷篡弑之诛，死罪之名。其实皆

---

① 蒋庆：《公羊学引论——儒家的政治智慧与历史信仰》，福建教育出版社，2014，第 8 页。

以为善，为之不知其义，被之空言而不敢辞。"① 从这段话可以看出，司马迁意识到不论是君父还是臣子都必须深刻地理解《春秋》之义，其中就涉及经与权的辩证关系问题。就臣子而言，不明经与权的关系就会陷入自以为"善"却不知其"义"的窘境。因此，立足于解释《春秋》的公羊学在经权思想上必然具有浓厚的政治哲学色彩。公羊学对经权问题的讨论亦往往结合具体的政治事件进行，如董仲舒在《春秋繁露·玉英》中即以史事论之曰：

> 故诸侯父子兄弟不宜立而立者，春秋视其国与宜立之君无以异也，此皆在可以然之域也；至于郧取乎莒，以之为同居，目曰"莒人灭郧"，此在不可以然之域也。故诸侯在不可以然之域者，谓之大德，大德无逾闲者，谓正经。诸侯在可以然之域者，谓之小德，小德出入可也。权谲也，尚归之以奉巨经耳。故《春秋》之道，博而要，详而反一也。公子目夷复其君，终不与国，祭仲已与，后改之，晋荀息死而不听，卫曼姑拒而弗内，此四臣事异而同心，其义一也。目夷之弗与，重宗庙；祭仲与之，亦重宗庙；荀息死之，贵先君之命；曼姑拒之，亦贵先君之命也。事虽相反，所为同，俱为重宗庙、贵先帝之命耳。②

可以看到，董仲舒提到的公子目夷、祭仲、荀息以及曼姑四人的事迹，皆是关涉宗庙社稷的大事。而董仲舒的"可以然之域""不可以然之域""大德""小德""正经""权谲"等一系列有关经权思想的概念、范畴和问题都与这些人的所作所为有密切的关联。换言之，公羊学的经权思想必须以政治事件作为质料阐明道理，其具体的运用以"实与而文不与"的书法最为明显。"实与"指《春秋》对乱世中的某些政

---

① 《史记》卷一百三十，中华书局，1959，第 3298 页。

② （清）苏舆：《春秋繁露义证》卷三，钟哲点校，中华书局，1992，第 79～81 页。

治行为给予实质肯定，"文不与"则是由于这些政治行为违背礼制，《春秋》给予其文辞上的否定。这里以《公羊传·僖公十四年》解释"诸侯城缘陵"与《公羊传·宣公十一年》解释"楚人杀陈夏徵舒"为例：

> 曷为不与？实与而文不与。文曷为不与？诸侯之义，不得专封也。诸侯之义不得专封，则其曰实与之何？上无天子，下无方伯，天下诸侯有相灭亡者，力能救之，则救之可也。①

> 曷为不与？实与，而文不与。文曷为不与？诸侯之义，不得专讨也。诸侯之义不得专讨，则其曰实与之何？上无天子，下无方伯，天下诸侯有为无道者，臣弑君，子弑父，力能讨之，则讨之可也。②

根据周代礼制，只有周天子享有专封与专讨之权。关于专封之权，《白虎通·封公侯》曰："天子所治方千里，此平土三千，并数邑居、山川至五十里。名山大泽不以封者，与百姓共之，不使一国独专也。"③ 又曰："王者即位，先封贤者，忧民之急也。故列土为疆非为诸侯，张官设府非为卿大夫，皆为民也。"④ 前者意图说明天子分封公侯是与百姓万民共享天下之意，后者意图说明王者即位先册封贤能之士亦是为民。尽管《白虎通·封公侯》这两句话的真实含义都在于表明天子（王者）不专有天下，但同时也表明了只有天子（王者）才有权力施行专封之权。关于专讨之权，《白虎通·诛伐》云："诸侯之

---

① （汉）公羊寿传，（汉）何休解诂，（唐）徐彦疏《春秋公羊传注疏》卷十一，北京大学出版社，1999，第229页。

② （汉）公羊寿传，（汉）何休解诂，（唐）徐彦疏《春秋公羊传注疏》卷十六，北京大学出版社，1999，第347页。

③ （清）陈立：《白虎通疏证》卷四，吴则虞点校，中华书局，1994，第140页。

④ （清）陈立：《白虎通疏证》卷四，吴则虞点校，中华书局，1994，第141页。

义，非天子之命，不得动众起兵诛不义者，所以强干弱枝，尊天子，卑诸侯也。"① 又曰："上无天子，下无方伯，诸侯有相灭亡者，力能救之，则救之可也。"② 质言之，前者强调天子在征伐权上至高无上的地位，诸侯只有获天子诏命方能兴兵伐不义。后者又进一步提出因时制宜的权变学说，即在没有圣贤方伯主持公义之时，有能力的诸侯兴兵伐不义是被允许的。此即《论语·季氏》中孔子"天下有道，则礼乐征伐自天子出；天下无道，则礼乐征伐自诸侯出"③ 之意。

在公羊家看来，齐桓公与楚庄王身为诸侯，未被册命为方伯，他们未得天子之命而僭越天子、方伯之权，故《春秋》书齐桓公为"诸侯"，贬楚庄王为"楚人"以彰显"文不与"。然而，时值春秋乱世，"上无天子，下无方伯"，齐桓公与楚庄王扶危定难、主持公义，他们的行为有利于当时的社会稳定，也有助于儒家礼乐文明的重建，因此《春秋》对他们的行为实际上是持赞赏态度的，这就是"实与"。

再结合齐桓公与楚庄王的具体事迹，可以对公羊学"实与而文不与"书法中的经权思想有更详尽的了解。"诸侯城缘陵"事件之始末见于《公羊传·僖公十四年》，其文曰："孰城之？城杞也。曷为城杞？灭也。孰灭之？盖徐、莒胁之。曷为不言徐、莒胁之？为桓公讳也。"④ 此时的杞国已然受到徐国与莒国之胁迫而灭国，齐桓公在缘陵修筑城墙，协助杞国复国。而《春秋》不言徐国与莒国之胁迫，是为齐桓公避讳。诸侯相互攻伐以至于灭国，周天子本该及时出面主持公道。但是周天子置若罔闻，于是齐桓公协助杞国存继社稷，相当于重新分封了杞国。"楚人杀陈夏徵舒"事件之始末见于《左传·宣公十年》，其文曰："陈灵公与孔宁、仪行父饮酒于夏氏，公谓行父曰：
'徵舒似女。'对曰：'亦似君。'徵舒病之。公出，自其厩射而杀之。
二子奔楚。"① 陈灵公、孔宁、仪行父荒淫无道，皆与夏姬有染，还当
着夏姬之子夏徵舒之面开极其下作的玩笑。夏徵舒发难，弑杀了陈灵
公，驱逐了孔宁与仪行父。于是，夏徵舒身获弑君之罪，陈国亦陷入
动乱。次年冬，"楚子为陈夏氏乱，伐陈。……遂入陈，杀夏徵舒，辕
诸栗门"。② 夏徵舒弑君而无人讨之，陈国内乱亦无人可平定，楚庄王
则在此时出面诛杀了弑君之罪人，这相当于天子出兵为诸侯戡乱
护国。③

　　由此可见，按照公羊学的经权思想，齐桓公与楚庄王不得僭越天
子与方伯的职权专擅兴废征伐，这是守经。但是他们在周天子无力维
护天下秩序之时挺身而出并且取得良善的结果，这是行权。此外，齐
桓公城缘陵、楚庄王杀夏徵舒与祭仲出忽立突皆是具体的政治事件，
公羊学正是借助这些政治事件阐述经权思想。因此，公羊学的经权思
想自然也就带有政治哲学的特征。但是，这并不意味着公羊学的经权
思想仅局限于讨论政治伦理规范，它对个人层面的道德实践同样具有
指导作用。国家是大写的个人，它由每一个个人组成，政治生活与个
人的道德生活息息相关，即便是隐遁避世的人，只要他还与其他人交
往，他的生活亦会有政治因素的存在。总而言之，公羊学经权思想的
特点是政治性，这脱胎于公羊学整体的治学方式。因此，公羊学经权
思想的内容，可以以一言蔽之——"反经有善"。

---

① （晋）杜预注，（唐）孔颖达正义《春秋左传正义》卷二十二，北京大学出版社，1999，
　　第 625~626 页。
② （晋）杜预注，（唐）孔颖达正义《春秋左传正义》卷二十二，北京大学出版社，1999，
　　第 630 页。
③ 对于楚庄王伐陈的动机，《左传》认为其并非出于道义，而是欲将陈国纳入楚国的版
　　图，后经申叔之劝谏才复建陈国。然而本文主要以《公羊传》的观点为讨论核心，《左
　　传》的记载仅在史料方面对《公羊传》进行补充。

二 "权只是经"：程朱的经权思想

在儒家思想的发展历程中，汉宋之争可谓长期委决不下的话题，汉学与宋学这两种学术形态在各方面都存在较大的差异。作为儒家思想的重要内容，经权思想在其发展过程中亦呈现出两种模式，吴震即认为，儒家经权问题"主要以两条线索展开：一是孟子的'嫂溺援之以手，权也'，一是《公羊传》'权者反于经'"。[①] 如前文所述，《公羊传》的思想基本代表汉儒的观点，而孟子的这一条线索则被程颐与朱熹继承发扬。程颐与朱熹的经权思想与汉儒大相径庭，一方面，他们主张回到孔子与孟子，依据"可与立，未可与权"和"嫂溺援之以手"来讨论经权问题；另一方面，他们对汉儒，尤其是公羊学的经权思想颇有微词。程颐反对公羊学以"反经"释权，他认为"汉儒以反经合道为权，故有权变权术之论，皆非也。权只是经也。自汉以下，无人识权字"。[②] 程颐以"权只是经"取代汉儒的"反经合道"，自此以后"诸家论权，皆祖程子之说"。[③]

（一）中庸、权不拂经与合宜适变：程颐对经权思想的重释

程颐对经权问题的讨论散见于他的著作与问答之中，虽然条目不多、文句支离，但是他毕竟开宋儒经权思想新形态之先河。程颐的经权思想集中体现在这段文字中：

> 古今多错用权字，才说权，便是变诈或权术。不知权只是经所不及者，权量轻重，使之合义，才合义，便是经也。今人说权

---

① 吴震：《从儒家经权观的演变看孔子"未可与权"说的意义》，《学术月刊》2016 年第 2 期，第 24 页。

② （宋）朱熹：《四书章句集注》，中华书局，2011，第 116 页。

③ （宋）朱熹：《论语或问》卷十，朱杰人、严佐之、刘永翔主编《朱子全书》第六册，上海古籍出版社、安徽教育出版社，2002，第 776 页。

不是经，便是经也。权只是称锤，称量轻重。孔子曰："可与立，未可与权。"①

诚然，除这段话以外，程颐还有其他讨论经权问题的语录，但是皆不如这段话全面。程颐的这段话分别讨论了权的定义、行权的规定和行权的境界三个问题，现依次对这三个问题进行分析，并以其他语录作为佐证。

首先是权的定义，程颐认为孔子与孟子之后的儒者对权的概念存在误读和错用。尤其是汉儒，他们以"反经"释权造成行权沦为"变诈或权术"的严重后果。因此，程颐重新对权下定义，他提出权的含义"只是称锤"，其作用在于"称量轻重"。显然，程颐的定义回到权最原始的含义，将权视为衡量事物的尺度，而非与经相对的事物。此外，程颐又说："欲知《中庸》，无如权，须是时而为中……何物为权？义也。然也只是说得到义，义以上更难说，在人自看如何。"② 这句话程颐就说得更加具体，权作为尺度就是义。至于何为义，需要结合每个行为人的具体情况具体分析。质言之，在程颐看来权实际上就是中庸之道。

其次是行权的规定问题，程颐认为行权必须符合两方面的规定。一方面是"经所不及者"，这是在行权范围上的规定。从表述上看，"经所不及者"与董仲舒划分"可以然"与"不可以然"领域的说法相似，但二者的内涵则相去甚远。在董仲舒看来，"可以然之域"是行权的范围，"不可以然之域"是守经的范围，权与经的地位是相同的。但是，将行权的范围限制于"经所不及者"，这就使权与经不可

---

① （宋）程颢、（宋）程颐：《河南程氏遗书》卷十八，《二程集》，中华书局，1981，第234页。

② （宋）程颢、（宋）程颐：《河南程氏遗书》卷十五，《二程集》，中华书局，1981，第164页。

等量齐观，行权成为守经的辅助手段。另一方面是"使之合义"，这是在行权内容上的规定。程颐曰："夫临事之际，权轻重而处之以合于义，是之谓权，岂拂经之道哉？"① 行权要求行为人在面临道德两难境地的时候只能以合乎道义的方式解决问题。此外，由于行权在内容上必须合乎道义，那么权也并非"拂经"，从这个意义上看，权就是变通之经。

最后是行权的境界问题，这是程颐对孔子"可与立，未可与权"的解读。在《论语·子罕》的原文中，"共学""适道""立""权"四个概念是递进式的关系，"权"的境界高于前三者。如果权是与经相反的权术、权谋，那么就意味着最高的境界是权诈阴谋之术，孔子俨然是一位阴谋家的形象，这是程颐不可能接受的。因此，程颐认为："若夫随时而动，合宜适变，不可以为典要，非造道之深，知几可与权者，不能与也。"② 行权的境界之所以最高，关键在于"随时而动，合宜适变"。而所谓"义"者，即"宜"也，两者的含义相同，是"应当、合适"的意思。换言之，行为人达到行权的境界就能够根据现实情况灵活运用规范，同时他的行为也必然是合乎道义的。

综上所述，我们可以看出不论是权的定义问题、行权的规定问题还是行权的境界问题，程颐皆立足于批判公羊学以"反经合道"释权的立场。然而，程颐的立足点存在很大的问题，即公羊学的经权思想并非"反经合道"，而是"反经有善"。有学者认为程颐出于对公羊学"只问功利不问道义的担忧"，③ 故而在对行权的规定上更为严苛，此语实有未安。实际上，这两种说法差别很大。"反经有善"强调的是

① （宋）程颢、（宋）程颐：《河南程氏粹言》卷一，《二程集》，中华书局，1981，第1176 页。

② （宋）程颢、（宋）程颐：《河南程氏粹言》卷一，《二程集》，中华书局，1981，第1204 页。

③ 刘增光：《汉宋经权观比较析论——兼谈朱陈之辩》，《孔子研究》2011 年第 3 期，第 92 页。

后果，对于行为来说，其所造成的后果是可经验的或是可预见的，无论后果善或不善皆如日昭彰。"反经合道"强调的是动机，而行为的动机恰恰具有主观性和私密性，其善或不善难以捉摸。从这个层面上看，只强调道义而忽视后果反而更容易使行权沦为"变诈或权术"。程颐正是由于误解了公羊学的经权思想，将"反经有善"与"反经合道"相混淆，故而才有"权只是经"的偏颇观点。

（二）道贯乎经权：朱熹对程颐经权思想的批判继承

作为理学的集大成者，朱熹的经权思想在儒学史上亦是不容忽视的。朱熹讨论经权问题的文字甚多，仅《朱子语类》"可与共学章"就有二十八条。因此，将其所有文字一一列出、逐条分析实无必要，以下仅选取五条即可对朱熹的经权思想略作管窥：

> 权与经，不可谓是一件物事。毕竟权自是权，经自是经。[1]
>
> 权与经固是两义，然论权而全离乎经，则不是。[2]
>
> 所谓权者，于精微曲折处曲尽其宜，以济经之所不及耳。[3]
>
> 所谓经，众人与学者皆能循之；至于权，则非圣贤不能行也。[4]
>
> 经者，道之常也；权者，道之变也。道是个统体，贯乎经与权。[5]

朱熹对经权问题的论述大多从二者之间的关系入手，批判继承了程颐的观点。首先，通过上述引文前两句的内容，我们能够看出朱熹在经权关系的问题上并不满意程颐"权只是经"的论断，他主张在"物

---

[1]　（宋）黎靖德编《朱子语类》卷三十七，王星贤点校，中华书局，1986，第987页。

[2]　（宋）黎靖德编《朱子语类》卷三十七，王星贤点校，中华书局，1986，第991页。

[3]　（宋）黎靖德编《朱子语类》卷三十七，王星贤点校，中华书局，1986，第992页。

[4]　（宋）黎靖德编《朱子语类》卷三十七，王星贤点校，中华书局，1986，第989页。

[5]　（宋）黎靖德编《朱子语类》卷三十七，王星贤点校，中华书局，1986，第989页。

事"的层面上区分经与权，即守经和行权是两种不同的行为。对此，朱熹论曰："以孟子嫂溺援之以手之义推之，则权与经亦当有辨。"①然而，尽管权与经"固是两义"，权依然不能"全离乎经"，这说明朱熹也不赞同公羊学的观点。对此，朱熹亦论曰："汉儒语亦未十分有病，但他意却是横说，一向不合道理，胡做了。……公羊就宋人执祭仲处，说得权又怪异了。"②

其次，通过上述引文第三句与第四句的内容，我们能够看出朱熹在对行权的规定上对程颐的观点既有继承也有补充。就行权的范围而言，朱熹主张行权"于精微曲折处曲尽其宜"和"济经之所不及"，实际上就是程颐认为的行权"使之合义"与"经所不及者"，这是朱熹对程颐观点的继承。就行权的主体而言，朱熹区分了众人、学者、圣贤，这是朱熹对程颐观点的补充。朱熹认为，行权人必须是圣贤，而众人与学者只能依经行事，这是因为在他看来，"权是时中，不中，则无以为权矣"。③何为"时中"？《中庸》曰："君子之中庸也，君子而时中。"换言之，权即是"中庸"，这是儒家的至高境界，非圣贤不能至之，故而朱熹认为行权是圣人的专利。

最后，通过上述引文最后一句的内容，我们能够看出朱熹将经与权皆归摄于道，这是其经权思想的核心。朱熹认为道是"统体"，它既统摄经与权，亦贯通于经与权之中，经与权是道的一体两面，即"道之常"与"道之变"，这显然是针对"反经合道"的说法而言的。同时，朱熹亦曰："不知经自是义，权亦是义，'义'字兼经权而用之。"④经与权亦是义的一体两面。因此，朱熹将经与权归摄于道，其实是将二者归摄于义，"反经合道"意味着"反经合义"，这与程颐

---

① （宋）朱熹：《四书章句集注》，中华书局，2011，第116页。

② （宋）黎靖德编《朱子语类》卷三十七，王星贤点校，中华书局，1986，第989页。

③ （宋）黎靖德编《朱子语类》卷三十七，王星贤点校，中华书局，1986，第989页。

④ （宋）黎靖德编《朱子语类》卷三十七，王星贤点校，中华书局，1986，第995页。

"何物为权？义也"的说法是相同的。

综上所述，朱熹的经权思想在表面上显得暧昧不清，实际上立场坚定。他尽管批判程颐"权只是经"，然而又多次为其辩护，其曰："程先生'权即经'之说，其意盖恐人离了经，然一滚来滚去，则经与权都鹘突没理会了。"① 又曰："伊川见汉儒只管言反经是权，恐后世无忌惮者皆得权以自饰，因此有此论耳。"② 质言之，在朱熹看来，程颐是由于纠正公羊学经权思想的流弊才有此矫枉过正的言论。诚然，朱熹亦有调和程颐与公羊学观点的意图，认为"公羊以'反经合道'为权，伊川以为非。若平看，反经亦未为不是"。③ 但是，从朱熹仍然将公羊学的经权思想理解为"反经合道"来看，他显然未意识到程颐观点的问题所在。

（三）程朱的经权思想与"理一分殊"

在程朱的哲学体系中，"理"占据着核心的地位，它是事物存在、运行、变化的规律和道理。而在程朱关于"理"的学说中，"理一分殊"是一条重要的命题。"一"是指同一、统一，"殊"是指差异、差别，二者是相对范畴，通常被理学家应用于讨论普遍规律和特殊规律之间关系的问题。"理一分殊"首次出现于程颐《答杨时论西铭书》中，其论曰：

> 《西铭》明理一而分殊，墨氏则二本而无分。（原注：老幼及人，理一也。爱无差等，本二也。）分殊之弊，私胜而失仁；无分之罪，兼爱而无义。分立而推理一，以止私胜之流，仁之方也。无别而迷兼爱，至于无父之极，义之贼也。④

① （宋）黎靖德编《朱子语类》卷三十七，王星贤点校，中华书局，1986，第988页。
② （宋）黎靖德编《朱子语类》卷三十七，王星贤点校，中华书局，1986，第989页。
③ （宋）黎靖德编《朱子语类》卷三十七，王星贤点校，中华书局，1986，第990页。
④ （宋）程颢、（宋）程颐：《河南程氏文集》卷九，《二程集》，中华书局，1981，第609页。

程颐这段文字的目的在于向杨时解释张载《西铭》的"万物一体"与墨子的"兼爱"的区别。其中的详细内容这里暂且不论，我们需要注意的是，其中的"仁"与"义"都属于伦理道德的范畴。"理一分殊"在其提出伊始就涉及普遍的道德准则与具体的行为规范之间的关系。

朱熹继承了程颐在伦理道德领域应用"理一分殊"的思想，并且有更为翔实、细致的讨论。朱熹对"理"的理解极为宽泛，他认为"理"不仅包含伦理道德的规范，还囊括自然界万事万物的规律。朱熹关于"理一分殊"的论述亦内容丰富、不一而足，以下仅选取两例与道德规范相关的论述：

> 理一也，以其实有，故谓之诚。以其体言，则有仁义礼智之实；以其用言，则有恻隐、羞恶、恭敬、是非之实，故曰："五常百行非诚，非也。"盖无其实矣，又安得有是名乎！①

> 万物皆有此理，理皆同出一原。但所居之位不同，则其理之用不一。如为君须仁，为臣须敬，为子须孝，为父须慈。物物各具此理，而物物各异其用，然莫非一理之流行也。②

将这两段论述与"经者，道之常也；权者，道之变也。道是个统体，贯乎经与权"这句话综合考察，可以看出，朱熹认为理与道皆是最高的道德准则，其内容含摄仁、义、礼、智等儒家最基本的德性规范。又由于"所居之位不同"，这些德性规范在具体实践中发用亦各不相同，如仁、义、礼、智发用为"四端"，君、臣、子、父亦由于其位次身份而流行为各自所要求的规范。质言之，在朱熹的经权思想中，道即"理一"，经与权即"分殊"。至于仁、义、礼、智等种种德性，

---

① （宋）黎靖德编《朱子语类》卷四，王星贤点校，中华书局，1986，第104页。
② （宋）黎靖德编《朱子语类》卷十八，王星贤点校，中华书局，1986，第398页。

君仁、臣敬、子孝、父慈等种种规范，皆属于"分殊"中经的范畴。然而，在道德实践的过程中，经的运用难免会遭遇一些困境，于是异于经所要求的权就因此应运而生。以"孝道"与"孝行"为例，对子女而言，经的规范就是要求子女应当孝敬父母，不得违背父母之命。可是，当父母之命威胁到子女的人身安全的时候，就需要改变经所要求的规范来排解其中的矛盾，这就属于"分殊"中权的范畴。

结合"理一分殊"审视程颐与朱熹的经权思想，也就不难理解他们主张"权只是经"的缘由。经与权皆是道的一体两面，道是"理一"，是最高的、普遍的道德准则，同时它也包含儒家所提倡的各种德性。经与权是"分殊"，是道在不同位次与不同情境中的变化流行，前者表现为不同身份的个体所应当遵守的道德规范与所应当具备的德性，后者表现为在不同情境中的个体可以根据实际情况来改变常规的行为准则。总而言之，从"分殊"的层面上看，经与权有明确的界限，守经和行权亦不可混为一谈；从"理一"的层面上看，经与权具有相同的本原，守经和行权皆是道在道德实践中为追求至善的表现，程颐与朱熹是在这一层面得出的"权只是经"的论断。

三　内在与德性：经权思想的规范性及其来源

伦理思想的作用是指导人们做出正确行为，因此，一切伦理思想都应当具有规范性。换言之，规范性是伦理思想的本质特征。[①] 儒家的经权思想亦不例外，不论是经还是权，皆具备某种强制性，这种强制性要求人们的行为符合它们的准则，这就是规范性。因此，探究经权思想的规范性及其来源是极其重要、不可或缺的任务。

---

① 麦金太尔认为规范性仅存在于规范伦理学之中。科尔斯戈德则认为德性伦理学规范的是人的品德，元伦理学研究规范性本身的问题，实际上都关注规范性。具体内容不赘述。参见〔美〕克里斯蒂娜·科尔斯戈德《规范性的来源》，杨顺利译，上海译文出版社，2010，第 1~68 页。

　　规范性的来源形式分为内在与外在两种：内在规范性的来源是行为人的自身，它根植于行为人自身的情感或理性；外在规范性的来源则是行为人之外的主体，如社会的风俗、宗教的律令、国家的权威。依照这两种形式，我们可以对经权思想的规范性来源做出一番考察。对于权来说，无论是公羊学的"反经有善"还是程朱的"权只是经"，皆强调行为人在行权的时候要结合具体情况，综合考量行为的后果、动机甚至手段。在这些思维活动中，行为人自身的情感与理性皆是其行权规范性的来源。但是，对于经来说，问题则显得更为复杂。经强调在一定的关系中，居于某个位次的人需要遵循相应的规范。如君仁臣忠、父慈子孝、兄友弟恭等，儒家针对这些规范制定相应的礼，以指导人们的实践。换言之，守经在某种程度上就是守礼，礼所包含的等级秩序、纲常节目成为守经行为规范性的外在来源。

　　然而，这并不意味着经权思想的规范性在来源上存在矛盾。在儒家的伦理思想体系中，礼亦来源于行为人的自身。在《论语·阳货》中，孔子有言曰："礼云，礼云，玉帛云乎哉？"[1] 在《八佾》中，孔子亦曰："人而不仁如礼何？"[2] 表明儒家的礼不仅是外在的行为规范，它是源自行为人的德性。孟子更进一步，他在《孟子·告子上》中认为催生礼的德性是"非由外铄我也，我固有之也，弗思耳矣"，[3] 进一步确证经与礼的来源是内在的。因此，在来源形式上而言，经权思想的规范性属于内在规范性。

　　经权思想在规范性的来源形式上是内在的，那么其具体来源是什么，这是接下来需要讨论的问题。按照孔子与孟子的理论，经所要求的规范源自行为人的德性，这一点不难理解，问题在于权是否亦源自行为人的德性。譬如公羊学的经权思想，它不仅在权的定义上强调其

---

① （魏）何晏注，（宋）邢昺疏《论语注疏》卷十七，北京大学出版社，1999，第238页。

② （魏）何晏注，（宋）邢昺疏《论语注疏》卷三，北京大学出版社，1999，第30页。

③ （汉）赵岐注，（宋）孙奭疏《孟子注疏》卷十一上，北京大学出版社，1999，第300页。

必须带来善的后果，在对行权的规定上亦强调"不害人以行权"的手段正当性。此外，在程颐的经权思想中亦有强调权是"中庸"，行权需要合乎道义的内容。因此，行权似乎兼具后果主义与道义论的特点，权所要求的规范更多是源自理性的反思，抑或自身意志的某些法则。换言之，这个问题可以归结为经权思想是属于德性伦理还是属于规范伦理。

对于这个问题，朱熹通过"理一分殊"将其解决。道是"理一"，经与权皆是其"分殊"。道是人天生的纯然之心，经与权是人在道德实践中根据不同情况所呈现出的规范，经与权乃至一切道德准则都是人心中道的发用流行。道的发用流行并非纯粹的，这是经权思想与西方近代的规范伦理学的不同之处。道所呈现出的规范是绝对不能脱离行为人的具体位次与现实情况的，它一定涉及行为人的情感，而非纯粹的出于剥离感性杂多的自由意志与理性算计。事实上，经权思想所体现的重视个人理性与情感的交融在中西方古典伦理思想中皆存在，在西方表现为理性对欲望、激情的控制，在中国则表现为道心与人心的斗争，具体到经权思想中就是道"贯乎经与权"。

总而言之，经权思想的规范性是内在的规范性，它的具体来源是行为人的德性，它对行为人的德性具有很高的要求。如果行为人的德性不足，其守经尚且无碍，至于行权则难免流于"变诈或权术"。因此，公羊学与程颐的经权思想中对行权都抱有极其谨慎的态度，并且皆对其做了许多严苛的规定，甚至在朱熹看来只有圣人与君子才能行权。

综上所述，自孔子与孟子以降，儒家对经权问题的讨论以汉儒与宋儒为盛。其中汉儒以公羊学为代表，主张"反经有善"的经权思想。并且，他们对公羊学的经权思想往往结合具体的政治事件进行阐发，因此具有较为浓厚的政治哲学色彩。然而，以程颐与朱熹为代表的宋儒将公羊学的"反经有善"误解为"反经合道",① 认为正是以"反经合道"为权才使奸邪之徒以权自饰。因此,程颐与朱熹力图以"权只是经"来矫正"反经合道"所带来的弊病。但是,"权只是经"的说法又使经与权之间成为分析命题关系,权被消解于经之中。

诚然,程颐与朱熹经权思想的立足点是对公羊学的误解,但这并不意味着其对经权问题的讨论没有意义。相反,朱熹以道统摄经与权,以"理一分殊"处理经与权的关系,使儒家经权思想上升到形而上学的层面,解释了经权思想的规范性及其来源,这是公羊学所未能言及的领域。就形式而言,经权思想属于内在规范性理论;就具体来源而言,经权思想规范性根植于人的德性。换言之,儒家的经权思想重视个人的品格与德性的培养,行权也只有德性高尚的人方能运用自如。而对于常人而言,行权则必须慎之又慎。

[本文原刊于《烟台大学学报》(哲学社会科学版)2019 年第 6 期,内容有所改动]

---

① 首次提出"反经合道"的是曹魏的王弼,其注"巽以行权"时有"权,反经而合道"之语。吴震认为王弼基本上承接汉儒思想,亦可认为是汉儒的观点,此语恐非。参见吴震《从儒家经权观的演变看孔子"未可与权"说的意义》,《学术月刊》2016 年第 2 期,第 25 页。刘增光持相反观点,认为程颐的确误解汉儒之论。参见刘增光《汉宋经权观比较析论——兼谈朱陈之辩》,《孔子研究》2011 年第 3 期,第 89~90 页。

参考文献

一 古籍

[1]（汉）司马迁：《史记》，（南朝宋）裴骃集解，（唐）司马贞索隐，（唐）张守节正义，中华书局，1959。

[2]（汉）公羊寿传，（汉）何休解诂，（唐）徐彦疏《春秋公羊传注疏》，北京大学出版社，1999。

[3]（汉）孔安国传，（唐）孔颖达疏《尚书正义》，北京大学出版社，1999。

[4]（汉）班固：《汉书》，（唐）颜师古注，中华书局，1962。

[5]（汉）王符撰，（清）汪继培笺，彭铎校正《潜夫论笺校正》，中华书局，1985。

[6]（汉）赵岐注，（宋）孙奭疏《孟子注疏》，北京大学出版社，1999。

[7]（汉）郑玄注，（唐）孔颖达疏《礼记正义》，北京大学出版社，1999。

[8]（汉）荀悦：《汉纪》，张烈点校，中华书局，2002。

[9]（汉）曹操：《曹操集》，中华书局，2018。

[10]（魏）徐幹撰，孙启治解诂《中论解诂》，中华书局，2014。

[11]（魏）何晏集解，（南朝梁）皇侃义疏《论语集解义疏》，中华

书局，1937。

[12]（魏）何晏注，（宋）邢昺疏《论语注疏》，北京大学出版社，1999。

[13]（魏）王弼注，（唐）孔颖达疏《周易正义》，北京大学出版社，1999。

[14]（魏）王弼注，楼宇烈校释《老子道德经注校释》，中华书局，2008。

[15]（晋）杜预注，（唐）孔颖达正义《春秋左传正义》，北京大学出版社，1999。

[16]（晋）陈寿：《三国志》，（南朝宋）裴松之注，中华书局，1982。

[17]（晋）袁宏：《后汉纪》，张烈点校，中华书局，2002。

[18]（晋）范宁集解，（唐）杨士勋疏《春秋穀梁传注疏》，北京大学出版社，1999。

[19]（南朝宋）范晔：《后汉书》，（唐）李贤等注，中华书局，1965。

[20]（唐）房玄龄等：《晋书》，中华书局，1974。

[21]（唐）李隆基注，（宋）邢昺疏《孝经注疏》，北京大学出版社，1999。

[22]（唐）许嵩：《建康实录》，中华书局，1986。

[23]（宋）司马光编著《资治通鉴》，胡三省音注，中华书局，1956。

[24]（宋）张载：《张载集》，章锡琛点校，中华书局，1978。

[25]（宋）程颢、（宋）程颐：《二程集》，王孝鱼点校，中华书局，1981。

[26]（宋）程颢、（宋）程颐：《二程遗书》，潘富恩导读，上海古籍出版社，2000。

[27]（宋）朱熹：《四书章句集注》，中华书局，2011。

［28］（宋）黎靖德编《朱子语类》，王星贤点校，中华书局，1986。

［29］（宋）王应麟：《困学纪闻》，（清）翁元圻辑注，栾保群、田松青、吕宗力校点，上海古籍出版社，2008。

［30］（明）王守仁：《王阳明全集》，吴光、钱明、董平、姚延福编校，上海古籍出版社，2018。

［31］（清）王夫之：《读通鉴论》，中华书局，1975。

［32］（清）顾炎武撰，（清）黄汝成集释《日知录集释》，栾保群、吕宗力校点，上海古籍出版社，2006。

［33］（清）黄宗羲原著，（清）全祖望补修《宋元学案》，陈金生、梁运华点校，中华书局，1986

［34］（清）赵翼撰，王树民校正《廿二史札记校正》，中华书局，1984。

［35］（清）阮元校刻《十三经注疏》，中华书局，2009。

［36］（清）洪亮吉：《春秋左传诂》，李解民点校，中华书局，1987。

［37］（清）陈立：《白虎通疏证》，吴则虞点校，中华书局，1994。

［38］（清）陈立：《公羊义疏》，刘尚慈点校，中华书局，2013。

［39］（清）王先谦：《荀子集解》，沈啸寰、王星贤点校，中华书局，1998。

［40］（清）王先慎：《韩非子集解》，钟哲点校，中华书局，1984。

［41］（清）郭庆藩：《庄子集释》，王孝鱼点校，中华书局，2006。

［42］（清）陈士轲辑《孔子家语疏证》，上海书店，1987。

［43］（清）李慈铭：《越缦堂读书记》，由云龙辑，中华书局，2009。

［44］（清）苏舆：《春秋繁露义证》，钟哲点校，中华书局，1992。

［45］王明编《太平经合校》，中华书局，1960。

［46］黄晖：《论衡校释》，中华书局，1990。

［47］黄怀信、张懋镕、田旭东：《逸周书汇校集注》，上海古籍出版社，1995。

［48］赵幼文校注《曹植集校注》，人民文学出版社，1998。

［49］张万起、刘尚慈译注《世说新语译注》，中华书局，1998。

［50］朱杰人、严佐之、刘永翔主编《朱子全书》，安徽教育出版社、上海古籍出版社，2002。

［51］伏俊琏：《人物志译注》，上海古籍出版社，2008。

［52］易健贤译注《魏文帝集全译》，贵州人民出版社，2009。

［53］孙启治校注《政论校注》，中华书局，2012。

［54］孙启治校注《昌言校注》，中华书局，2012。

［55］孙启治校补《申鉴注校补》，中华书局，2012。

［56］王国轩、王秀梅译注《孔子家语》，中华书局，2012。

［57］刘余莉主编《群书治要译注》，中国书店，2012。

［58］戴明扬校注《嵇康集校注》，中华书局，2014。

［59］陈伯君校注《阮籍集校注》，中华书局，2014。

［60］俞绍初辑校《建安七子集》，中华书局，2016。

［61］郭善兵校注《曹芳曹髦曹奂集校注》，四川大学出版社，2017。

二　学术专著

［1］蔡元培：《中国伦理学史》，商务印书馆，1999。

［2］陈徽：《老子新校释译：以新近出土诸简、帛为基础》，生活·读书·新知三联书店，2017。

［3］陈来：《古代思想文化的世界》，生活·读书·新知三联书店，2009。

［4］陈来：《古代宗教与伦理》，生活·读书·新知三联书店，2009。

［5］陈来：《儒学美德论》，生活·读书·新知三联书店，2019。

［6］陈寅恪：《金明馆丛稿初编》，生活·读书·新知三联书店，2001。

［7］陈寅恪著，万绳楠整理《陈寅恪魏晋南北朝史讲演录》，天津人

民出版社，2019。

[8] 方诗铭：《曹操·袁绍·黄巾》，上海社会科学院出版社，1989。

[9] 黄铭：《推何演董——董仲舒〈春秋〉学研究》，生活·读书·新知三联书店，2023。

[10] 黄勇：《当代美德伦理：古代儒家的贡献》，东方出版中心，2019。

[11] 蒋庆：《公羊学引论——儒家的政治智慧与历史信仰》，福建教育出版社，2014。

[12] 劳思光：《新编中国哲学史》，生活·读书·新知三联书店，2015。

[13] 梁满仓：《三国儒家思想研究》，湖北人民出版社，2010。

[14] 梁启超：《新民说》，辽宁人民出版社，2010。

[15] 刘伟航：《三国伦理研究》，巴蜀书社，2002。

[16] 柳春新：《汉末晋初之际政治研究》，岳麓书社，2006。

[17] 逯耀东：《魏晋史学的思想与社会基础》，中华书局，2006。

[18] 罗国杰主编《中国传统道德》，中国人民大学出版社，1995。

[19] 罗国杰主编《中国伦理思想史》，中国人民大学出版社，2008。

[20] 罗宗强：《玄学与魏晋士人心态》，中华书局，2019。

[21] 吕思勉：《秦汉史》，上海古籍出版社，2005。

[22] 吕思勉：《两晋南北朝史》，上海古籍出版社，2005。

[23] 牟宗三：《才性与玄理》，吉林出版集团有限责任公司，2010。

[24] 钱穆：《国史大纲》，商务印书馆，1996。

[25] 钱穆：《中国历代政治得失》，生活·读书·新知三联书店，2018。

[26] 仇鹿鸣：《魏晋之际的政治权力与家族网络》，上海古籍出版社，2015。

[27] 任继愈主编《中国佛教史》，中国社会科学出版社，1981。

［28］任继愈主编《中国道教史》，上海人民出版社，1990。

［29］沈善洪、王凤贤：《中国伦理思想史》，人民出版社，2005。

［30］孙明君：《汉末士风与建安诗风》，文津出版社，1995。

［31］孙明君：《汉魏文学与政治》，商务印书馆，2003。

［32］汤用彤：《魏晋玄学论稿》，上海古籍出版社，2019。

［33］唐长孺：《魏晋南北朝史论丛》，中华书局，2011。

［34］唐长孺：《魏晋南北朝史论丛续编 魏晋南北朝史论拾遗》，中华书局，2011。

［35］唐长孺：《魏晋南北朝隋唐史三论》，中华书局，2011。

［36］唐长孺：《魏晋南北朝隋唐史讲义》，中华书局，2012。

［37］王晓毅：《儒释道与魏晋玄学形成》，中华书局，2003。

［38］王煜焜：《东汉末年豪族问题研究》，合肥工业大学出版社，2020。

［39］王仲荦：《魏晋南北朝史》，上海人民出版社，2020。

［40］吴凡明：《从人伦秩序到法律秩序：孝道与汉代法治研究》，吉林人民出版社，2008。

［41］徐复观：《两汉思想史》，华东师范大学出版社，2001。

［42］许建良：《魏晋玄学伦理思想研究》，人民出版社，2013。

［43］阎步克：《察举制度变迁史稿》，中国人民大学出版社，2009。

［44］阎步克：《波峰与波谷：秦汉魏晋南北朝的政治文明》，北京大学出版社，2017。

［45］余敦康：《魏晋玄学史》，北京大学出版社，2015。

［46］余英时：《士与中国文化》，上海人民出版社，2013。

［47］曾仕礼：《两汉哲学》，云南大学出版社，2011。

［48］曾亦、黄铭：《董仲舒与汉代公羊学》，上海人民出版社，2017。

［49］张蓓蓓：《东汉士风及其转变》，台湾大学出版委员会，2006。

［50］章太炎：《国故论衡》，上海古籍出版社，陈平原导读，2013。

［51］张锡勤:《中国传统道德举要》,黑龙江大学出版社,2009。

［52］张锡勤,柴文华主编《中国伦理道德变迁史稿》,人民出版社,2008。

［53］张旭华:《九品中正制研究》,中华书局,2015。

［54］钟玉英:《汉末魏晋南北朝道教与社会分层关系研究》,四川大学出版社,2009。

［55］周绍贤:《汉代哲学》,台湾中华书局,2015。

［56］周一良:《魏晋南北朝史札记》,中华书局,1985。

［57］〔日〕重泽俊郎:《周汉思想研究》,弘文堂书房,1998。

［58］〔日〕川本芳昭:《魏晋南北朝时代的社会与国家》,黄桢、张雨怡译,复旦大学出版社,2022。

［59］〔日〕冈崎文夫:《魏晋南北朝通史》,肖承清译,中西书局,2020。

［60］〔日〕宫崎市定:《九品官人法研究:科举前史》,王丹译,大象出版社,2020。

［61］〔古希腊〕亚里士多德:《尼各马可伦理学》,廖申白译注,商务印书馆,2003。

［62］〔德〕康德:《道德形而上学奠基》,杨云飞译,人民出版社,2013。

［63］〔美〕克里斯蒂娜·科尔斯戈德:《规范性的来源》,杨顺利译,上海译文出版社,2010。

三 学位论文

［1］陈紫琪:《魏晋禅代与少帝政治研究》,硕士学位论文,华东师范大学,2011。

［2］李磊:《东汉魏晋南北朝士风研究》,博士学位论文,华东师范大学,2006。

［3］刘万民:《当代中国以德为先用人思想研究》,博士学位论文,东北师范大学,2014。

［4］刘昕:《魏晋南北朝人才观研究》,硕士学位论文,天津大学,2020。

［5］马鹏翔:《君子与名士——汉晋士人理想人格转型之研究》,博士学位论文,南开大学,2014。

［6］尚建飞:《自然之性与善的理想——魏晋玄学道德哲学研究》,博士学位论文,华东师范大学,2008。

［7］王丽珍:《"人道"与"孝道"——儒家核心伦理的省察》,博士学位论文,南开大学,2014。

［8］徐雪野:《〈世说新语〉伦理思想研究》,博士学位论文,黑龙江大学,2020。

［9］叶少杰:《曹操政治伦理思想研究》,硕士学位论文,重庆师范大学,2011。

［10］张继刚:《汉魏之际士人精神状态研究》,硕士学位论文,西北师范大学,2010。

［11］张锦波:《名教与自然之辨初探——基于生存论层面的考察》,博士学位论文,复旦大学,2012。

［12］张兰花:《曹魏士风递嬗与文学新变》,博士学位论文,浙江大学,2012。

四　期刊论文

［1］柏宁:《魏晋士大夫"不问政事"辨伪》,《学术交流》2022年第4期。

［2］陈徽:《先秦儒家经权说及公羊家对它的思想推进》,《哲学分析》2020年第4期。

［3］陈岘:《"原心定罪"与"功过相抵"——试论儒家判定"经权"关系的两个道德原则》,《道德与文明》2016年第3期。

［4］董红梅:《曹操形象的多维解读》,《中州学刊》2009年第5期。

［5］樊智宁：《孝道中的经与权：从"晋侯杀其世子申生"谈起》，《太原理工大学学报》（社会科学版）2019 年第 4 期。

［6］樊智宁：《经权思想的汉宋之别及其规范性来源》，《烟台大学学报》（哲学社会科学版）2019 年第 6 期。

［7］樊智宁：《建安士人德才观嬗变的逻辑进程——以曹操"求贤令"为视角》，《河南科技大学学报》（社会科学版）2020 年第 4 期。

［8］关潮、李春梅：《曹操政治伦理的价值理念及其实现》，《兰台世界》2015 年第 9 期。

［9］郝虹：《德与才的较量：从"唯才是举令"到九品中正制》，《孔子研究》2015 年第 1 期。

［10］洪卫中：《魏晋政权的演变与颍川地区士人及人才的发展——兼论九品中正制的影响》，《江汉论坛》2016 年第 10 期。

［11］侯伟东：《从"谈论"到"清谈"——论汉末至魏晋时期"名士"价值取向的变化》，《上海大学学报》（哲学社会科学版）2003 年第 6 期。

［12］胡根法：《从世子曹丕所受教育看曹操的儒学思想——以建安二十二年之前为中心》，《北京社会科学》2017 年第 4 期。

［13］华喆：《高贵乡公太学问〈尚书〉事探微——兼论"天命"理想在魏晋的终结》，《中国史研究》2018 年第 2 期。

［14］孔毅：《魏晋南北朝时期的伦理设计及其实施方案》，《云南社会科学》2003 年第 3 期。

［15］孔毅：《智德·智能·才性四本——汉魏之际从重智德到尚智能的演变及影响》，《重庆师范大学学报》（哲学社会科学版）2010 年第 4 期。

［16］刘厚琴：《东汉道德教化传统及其历史效应》，《齐鲁学刊》2002 年第 1 期。

［17］刘崧：《曹操唯才是举思想的道德诘难与现代治理价值》，《领导

科学》2016 年第 4 期。

[18] 刘运好：《回归历史原典：再论曹操》，《中原文化研究》2021 年第 1 期。

[19] 刘增光：《汉宋经权观比较析论——兼谈朱陈之辩》，《孔子研究》2011 年第 3 期。

[20] 鲁红平：《论汉末士风的嬗变——从"婞直"到新人格的追求》，《中南大学学报》（社会科学版）2010 年第 6 期。

[21] 罗传芳：《批判与反思：东汉社会批判思潮的理论意义》，《哲学研究》2006 年第 8 期。

[22] 蒙培元：《汉末批判思潮与人文主义哲学的重建》，《中国哲学史》1994 年第 3 期。

[23] 牟发松、李磊：《东汉后期士风之转变及其原因探析》，《武汉大学学报》（人文科学版）2003 年第 1 期。

[24] 谭洁：《论曹操的伦理思想》，《宁波大学学报》（人文科学版）2006 年第 4 期。

[25] 涂明君：《从刘劭〈人物志〉看才性说的个人观》，《中国哲学史》2014 年第 2 期。

[26] 王渭清：《东汉中后期士人伦理生活管窥》，《伦理学研究》2009 年第 5 期。

[27] 王永平：《魏晋风度的前奏——论东汉后期士人的"激诡之行"及其影响》，《浙江社会科学》2008 年第 11 期。

[28] 卫广来：《求才令与汉魏嬗代》，《历史研究》2001 年第 5 期。

[29] 吴震：《从儒家经权观的演变看孔子"未可与权"说的意义》，《学术月刊》2016 年第 2 期。

[30] 许春在：《曹操"唯才是举"是乱世揽才的权宜之计》，《江苏社会科学》1996 年第 3 期。

[31] 许晓桃：《德才关系的历史审视与现实意义》，《中共中央党校学

报》2014 年第 3 期。

[32] 阎秋凤：《汉晋之际儒家贤能观念的变化》，《中州学刊》2015
年第 9 期。

[33] 张荣明：《曹魏才性四本论钩沉》，《天津师范大学学报》（社会
科学版）2016 年第 6 期。

[34] 张廷银：《论曹操与魏晋玄学》，《清华大学学报》（哲学社会科
学版）2001 年第 3 期。

[35] 张文浩：《理想人格：魏晋士人精神的道德询唤》，《兰州学刊》
2015 年第 10 期。

[36] 张祥浩：《魏晋时期的才德之辨》，《学术月刊》1987 年第
10 期。

[37] 张晓鹏：《1959 年"曹操论战"与儒家伦理史学》，《孔子研究》
2020 年第 3 期。

[38] 张作耀：《曹操尚礼重法思想述论》，《东岳论丛》1998 年第
3 期。

[39] 赵昆生、张娟：《论东汉末年传统才性观的危机》，《西南师范大
学学报》（人文社会科学版）2003 年第 5 期。

[40] 周舜南：《东汉后期的社会批判思潮》，《船山学刊》1999 年第
2 期。

[41] 周兴陆：《才性与事功：中古"文士"观念的确立》，《中国人
民大学学报》2020 年第 3 期。

[42] 朱义禄：《试论汉魏之际伦理思想的嬗变》，《南京工业大学学
报》（社会科学版）2002 年第 2 期。

后　记

　　《汉魏之际士人德才观的嬗变研究——以曹操的"求贤令"为中心》一书，是在我的硕士学位论文《建安士人德才观的嬗变研究——以曹操的"求贤令"为中心》的基础上持续研究、认真修改而成。由于切入点较小，因此作为基础的硕士学位论文体量亦不大，从体量上而言，本书的基础已然有些"先天不足"。幸得在个人兴趣的加持之下，近几年来我撰写了与之相关的论文，并且对硕士学位论文各个章节的内容有所增补、修改以及细化，最终形成了这本尚能自圆其说的"小册子"。该书对我个人而言意义重大，这不仅是我出版的第一本书，同时亦见证了我的整个读书生涯。

　　从孩提时代开始，我就深受三国题材的小说、漫画、影视以及游戏等作品的影响，开始接触汉魏之际这段历史。到了中学时期，中央电视台的《百家讲坛》甚是火热，周思源教授的《正说三国人物》与易中天教授的《易中天品三国》这类普及性电视节目深深吸引着我，我亦由此正式阅读《后汉书》《三国志》《晋书》《资治通鉴》等史书，俨然成了家人与朋友眼中不折不扣的"三国迷"。孩提时代的兴趣与中学时代的积累，无疑在我心中埋下了种子。只不过在当时，我还不知道这颗种子能够生根发芽，甚至在多年以后开花结果。

　　由于高考失利，我并未如愿考取我理想的大学。同时，为了兼顾学校的层次与专业的水平，我不得不放下不愿意离家太远的执念，选择了距离家乡 2000 多公里的哈尔滨，在黑龙江大学继续我的求学之路。本科阶段我的专业是新闻学，其中有一门"中国古代文学作品选读"的必修专业学位课，是由文学院的陈永宏教授讲授，我十分感谢他的课为我研究曹操的"求贤令"带来的灵感。直到现在我还记得，陈永宏教授在讲授汉魏文学的时候，着重强调曹操的文学地位。他在课上提出，曹操在"求贤令"中对于德性与才能的论断在东汉末年具有极强的思想颠覆性，几乎将汉武帝以来重视德性的思想观念彻底瓦解。正是陈永宏教授这一句与课程不甚相关的"题外话"，激发了我对曹操"求贤令"及汉魏之际士人德才观嬗变问题的深入思考与持续关注。

　　硕士阶段是我初窥学术门径的时期，我回到了福建，在坐落于厦门的华侨大学继续求学。这一时期我已经追随着我的兴趣，从新闻学专业转向伦理学专业，尤其是德性伦理与政治伦理方向的研究。我原先是想从事对亚里士多德或康德伦理学的研究，奈何自身的外语水平不足，使我在阅读外文文献时有些捉襟见肘。于是，我便决定发挥中学时期与本科时期阅读大量中国古代文献的优势，转而研究中国传统伦理思想。在此，我十分感谢我的硕士研究生导师陈庆超教授，正是在他的理解与支持之下，我才能放心大胆地转变研究方向。恰好当时在撰写陈庆超教授讲授的"中国伦理思想史"这门课的课程报告，我再次翻阅了吕思勉先生的《两晋南北朝史》。我注意到吕思勉先生曾经设问为何西晋初年士人的道德品行与东汉末年相比呈现"断崖式"的下滑。这一设问又让我注意到曹操的"求贤令"中所蕴含的德才观，于是我便以此为切入点，讨论"建安时期士人德才观嬗变"这一易于把控的小问题，形成课程报告，甚至作为硕士毕业论文的选题。

　　硕士毕业之后，我机缘巧合地来到上海，在同济大学继续攻读博士学位。这一时期我的研究方向转向了儒家经学，尤其是《尚书》学与《春秋》学。虽然我并未在硕士学位论文的基础之上对曹操的"求贤令"及汉魏之际士人德才观嬗变的问题开展后续的系统性研究，但是我依然撰写了多篇与这一问题相关的文章，并且皆顺利公开发表。因此，我要感谢我的博士研究生导师陈徽教授。陈徽教授是汉代经学与道家哲学的专家，在陈徽教授门下四年的学习，使我对两汉经学与哲学思想，尤其是董仲舒的哲学思想与黄老道家的哲学思想有了更为深刻的理解，从而使我能够对硕士学位论文之中关于汉魏之际的哲学思想流变的相关内容进行修正与拓展。

在本书撰写的过程中，我还要感谢家人与朋友的无私帮助。感谢我的父亲与母亲，他们始终不遗余力地支持着我从事学术，支持我的人生选择。感谢湖州师范学院马克思主义学院的吴凡明院长、钱克金副教授、胡媛博士和陈晨博士，他们在我入职湖州师范学院以来给予我诸多生活与工作方面的支持。感谢中共福建省委宣传部理论处的腾增友副处长、福建农林大学的罗贤宇副教授、清华大学的吴迎龙博士、浙江大学的韩书安博士、同济大学的龙泽黯博士、华中科技大学的白发红博士、四川农业大学的陈琼博士、安徽师范大学的曹康康博士、常熟理工学院的张志超博士和福建省 2022 年省直机关选调生的朋友们，他们在我人生最艰难的一段时光里给予我诸多学术与情绪方面的支持。感谢社会科学文献出版社的编辑老师和工作人员，他们为本书的最终出版付出了辛勤的劳动。

总而言之，《汉魏之际士人德才观的嬗变研究——以曹操的"求贤令"为中心》一书的出版对我个人而言不仅是阶段性学术成果的呈现，同时亦实现了我自年少以来就想要写一本三国相关图书的梦想。谨以此书，送给过去的自己。囿于学力，本书难免有诸多疏漏与浅薄之处，还望专家学者以及喜好三国历史文化的朋友们批评指正、不吝赐教。

2023 年 8 月 8 日于湖州吴兴

图书在版编目（CIP）数据

汉魏之际士人德才观的嬗变研究：以曹操的"求贤令"为中心／樊智宁著 . -- 北京：社会科学文献出版社，2023.12
ISBN 978 - 7 - 5228 - 2654 - 7

Ⅰ.①汉… Ⅱ.①樊… Ⅲ.①人才观 - 研究 - 中国 - 魏晋南北朝时代 Ⅳ.①C96 - 092

中国国家版本馆 CIP 数据核字（2023）第 200611 号

汉魏之际士人德才观的嬗变研究
——以曹操的"求贤令"为中心

著　　者／樊智宁

出 版 人／冀祥德
责任编辑／赵晶华
文稿编辑／孙少帅
责任印制／王京美

出　　版／社会科学文献出版社·联合出版中心（010）59367180
　　　　　地址：北京市北三环中路甲 29 号院华龙大厦　邮编：100029
　　　　　网址：www. ssap. com. cn
发　　行／社会科学文献出版社（010）59367028
印　　装／三河市东方印刷有限公司

规　　格／开　本：787mm × 1092mm　1/16
　　　　　印　张：11. 25　字　数：150 千字
版　　次／2023 年 12 月第 1 版　2023 年 12 月第 1 次印刷
书　　号／ISBN 978 - 7 - 5228 - 2654 - 7
定　　价／78. 00 元

读者服务电话：4008918866